読むだけで願いが叶う引き寄せ体質のつくりかた

リズ山崎

祥伝社黄金文庫

本書は、祥伝社黄金文庫のために書下ろされました。

まえがき

本書をお手にとってくださり、どうもありがとうございます。
この本は、自分のなかにある可能性を引きだす本です。とくに、

- 年齢問わず、愛する人と結婚し幸せになりたい
- お金や愛情に関するネガティヴなマインドのブロックをはずしたい
- 引き寄せの法則をマスターし思いを実現できる自分になりたい
- ほんとうの自分で輝いてハッピーに人生を歩みたい
- 金運を高め、お金を入れ豊かな生活がしたい

と望む人が、願望成就することができるように書かれています。
豊かになること、愛し愛されることは、よいことです。とても健全で、最高にハッ

ピーなことです。あなたは、豊かな人生を楽しみたいですか。愛に満ちたあたたかな生活がしたいですか。

もちろんＹｅｓですよね。

そして、人はみな、それらを手にできるようになっています。

この本で、あなたの健全な欲望と力とを解放し、望む人生を手に入れることにしましょう！

さて、願望を成就するということは、どういうことでしょう。

「自分が変わる」ということです。

なぜなら、願望成就がなされる前となされた後には「変化」があるからです。

ならば、これまで、お金や愛の実現をさまたげる要因となっていた「思考」と「言動」を変えさえすればよい、というのが本書を貫くシンプルな原理です。

しかし、たとえば、何ごとに関してもどうせうまくいかない、とか、こんな自分にはできないとの思いグセがあったり、あるいは、お金は卑しいものといった罪悪感が心のブロックになっていたり、愛されることをどこかで恐れていたりする、ということであれば、その部分の「意識改革」が必要になります。

本書が「読むだけで」とされている理由はそこにあります。

つまり、私たちの脳や思考にはさまざまな間違った定義や教えが刷り込まれているため、私たち自身がその思いにからめとられて身動きできない状態になっていることが多い。そこで、そうした思いをチェンジしてあげることが必要になる。

このとき、新たな正しい情報を「読む」ことを通して、脳・思考・意識に変革が起こる。それなので、引き寄せの力も働きやすくなり、おのずと道が開かれていくのです。

本書を通して、あなたの願望が最短で成就することを祈っています。

リズ山崎

もくじ

まえがき……3

一章　すべてはうまくいっています

すべてはうまくいっています……16
なりたい自分になっていい……17
人はみな幸せになる権利と自由があります……18
あなたには幸せになる価値があります……19
あなたの願いは叶うようにできています……20
宇宙のこたえは、いつも　Yes,OK……21
「どうなりたい」のか……22
だから「なりたくない」ではなく「なりたい」を思いなさい……23
「なりたいこと」を想像しましょう……24

心配すると心配なことが起こりやすいわけ……26
不安や心配もだいじょうぶ……27
経験している「現実」とはテレビ番組のようなもの……28
自動思考と自由意志……30
思いが変わればすべてが変わる……32
あなたという乗り物の「行き先」を定めましょう……34
口角上げて深呼吸……36

二章　欲望を信念に高めて願いを叶えましょう

願望が信念になるとき必ず叶うようにできています……38
あなたが欲しいものは何ですか？……40
ハッピーな恋愛？　声に出したら叶います……42
ストレートに欲求すれば叶います……44
欲しいものをストレートな言葉にしたほうが叶いやすい……46

欲することは恥ずかしいことではなく健康なことです……48
ズバリ言葉にすることで願いは叶いやすくなります……50
あなたにとっての「幸せ」を明確にイメージしましょう……52
考えすぎず動く習慣をつけましょう……54
目的に時間をつかう……56
願いを叶える原理はひとつ……58
口角上げて深呼吸……60

三章 引き寄せ体質のつくりかた

自分の願いを叶えてあげよう……62
「いい人」の概念をひっくり返すと願いは叶います……64
あなたも「いい子」「いい人」をやめると願いは叶います……66
無理や我慢をしすぎない　健康管理は自己責任……68
心のセラピー／そのままのあなたでいい……70

苦痛や我慢など「不快」を感じてあげましょう……72
「善は急げ」で即行動……74
一喜一憂しないこと……76
「一日を」「一週間を」「一ヵ月を」成功させよう……78
引き寄せの法則は、思いの法則……80
口角上げて深呼吸……82

四章 あなたを結婚に導きます

なぜいま結婚できない女性が多いのか……84
20代で所帯を持つのが当たり前だった時代……86
個人の価値観に目覚めた時代……88
子の心、親知らず……90
あなたはじゅうぶん愛される価値があります……92
「結婚したいのか」さえ、わからないケース……94

ネガティヴ定義があるとみずから拒絶してしまうことがあります……96
幸せになることはもちろんよいこと……98
宇宙は無条件……100
口角上げて深呼吸……102

五章　心の定義をポジティヴに

心の定義を書き換えていきます……104
幸せになることは安全でよいこと……106
あなたは限りなく自由です……108
得することはよいことです……110
幸福のエネルギーは神の大河……112
人はみな無条件に愛される価値がある……114
愛に感謝します……116
お金はありがたいよいものです……118

お金は喜び 120
競争の世界から無限の世界へ 122
あなたはもちろんそれでよい 124
口角上げて深呼吸 126

六章「したい」だから「する」で叶えます

「したい」だから「する」を習慣づけると願いは叶う 128
「じゃ、しよう。結婚」 130
思いが現実を創りだす 132
思い次第で、人生のホームを乗り換える 134
予言を覆すのは自分自身 136
したいと思うことはできる 138
宇宙は思いに応えます 140
すべて自分が決めたようになります 142

口角上げて深呼吸……144

七章「願い」と「言動」の統合で実現します

願いを実現させる方法……146
自分に注意が向けられていないと不安だったユミさんのケース……148
トラウマ・セラピーとアファメーションで心の定義を修正したユミさん……150
切り抜きをラミネートしスピード婚を果たしたトモコさんのケース……152
たった一言でチャンスをつかんだサチコさんの昇進ドラマ……154
申し出る勇気が自分への愛とわかったサチコさん……156
レストラン・オーナー　一ヵ月快進撃……158
トンネルをつなぐ秘訣は自己一致……160
喜びの表現をして得はしても損はしません！……162
引き寄せに必要なのは「方法」より「方向」……164
「ピンポイント」でやってくる引き寄せのケース……166

願いはぜったい叶うもの！ 168
口角上げて深呼吸 170

八章　あなたは奇跡の通り道

すべてはうまくいっています 174
あなたのすべてはそれでいい 175
だからいつも喜んでいましょう 176
正しい姿勢　正しい呼吸 178
愛のまなざし 180
崇高なる光 182
前頭葉に願いを描く 184
最高最善のあなたこそ自然な本来 186
おわりに 188

本文装丁／山田麻由子

一章

すべてはうまくいっています

すべてはうまくいっています

すべてはうまくいっています。

今、こうしているあいだにも、
あなたの思いは、刻々と叶えられているところです。

だから、心配しないで、安心して。
喜んでいて、喜んでいて。

なりたい自分になっていい

なりたい自分になっていい。
あなたは、もちろん、あなたの望む自分になっていいのです。
あなたには、その権利と自由とがあるからです。
あなたが、望むということは、あなたのなかにその要素があるからです。
だれでも、なりたい自分になってよいことになっています。
だれも、あなたの「なりたい」を妨害することはできません。
あなたはあなたが望んだとおりの自分になることができます。

人はみな幸せになる権利と自由があります

人はみな、幸せになる権利と自由があります。
幸せになることに遠慮はいりません。
幸せであることに、罪悪感もうしろめたさも必要ありません。
あなたをしばりつけるものに対して、負けてしまってはなりません。
それを跳ね返す力はあなたのなかにあります。

その力をつかってあなたがあなた自身を幸せにすること、
それがあなたのひとつの使命であり、人格、魂の成長でもあるのです。

あなたには幸せになる価値があります

あなたには、幸せになる価値があります。
すべての人は、幸せになる価値があります。

幸せになる資格のない人などこの世に存在するでしょうか。
いいえ、存在しません。
すべての人は平等に幸せになる価値があるからです。

だから、ご自分自身を高く評価して、価値ある存在とし、
プライドをもたせてください。

あなたは幸せになる価値と、権利と自由とを有しています。

あなたの願いは叶うようにできています

願ってください。
思ってください。
祈ってください。
描いてください。
命じてください。

願いが叶ったところを想像し、その中に住まい、喜んでいてください。

その心の波動が宇宙に放出されるとき、
あなたの願いは宇宙の力に届けられるからです。

宇宙のこたえは、いつもYes,OK

あなたの願いがなんであれ、宇宙は批評することはありません。
宇宙はすべての人のあらゆる思いに対し、
無条件に応えつづけています。

あなたが、「したい」と思えば、それに対する応えはYes,OK.
あなたが、「でもきっと無理」と思うなら、
それに対する応えも、Yes,OK.

そして、即刻その方向に働きだします。
宇宙からの応えはいつもYes,OKなのです。
そして、狂いない万全の力であなたをサポートするのです。

「どうなりたい」のか

「どうなりたくない」をイメージすれば、
宇宙はそのイメージに対して、Yes,OKと反応します。
たとえば、「もう失恋で悲しみたくない」と思うなら、
「失恋」と「悲しんでいる」絵が、あなたの脳のなかに描かれます。
「もう借金で苦労したくない」と思うなら、
「借金」と「苦労」のイメージが、あなたの脳のなかに創りだされます。
宇宙のエネルギー意識は、単にそれらを読み取り、
無条件に、即刻、万全の力で応えはじめるのです。

だから「なりたくない」ではなく「なりたい」を思いなさい

「なりたくない」ものを思うのでは、
的の外に矢を射るようなものですよね。
そして、宇宙は、そのとおり的の外へとあなたを導きます。
ですから、「どうなりたくない」ではなく、
「こうなりたい」を、想像していてください。
宇宙は絶えずあなたを見ています。
「それで？」「それでどうなりたいの？」と。
だから、あなたの「なりたい」をいつも見せておいてください。
そうすれば、宇宙の力は無条件にそのように働きます。

「なりたいこと」を想像しましょう

心配事が芽生えると、
ついそちらのことを考えてしまうものです。
けれども、そのときというのは、
起きてほしくないことを想像していますから、
「なりたい」ではなく「なりたくないこと」を、
思い描いていることになり、
引き寄せの法則も潜在意識も、
時間の「行き先」も的の外へと向かって行くことになります。

それはなぜなら、先にお伝えしたとおり、
宇宙の力や潜在意識は、思いをピクチャーのように認識するからです。

ですから、先の「恋愛」のたとえでしたら、

「素敵な恋愛をしていつも幸せ、笑顔で過ごす。感謝、ありがとう」

「運命の人と、あたたかい家庭を築いて、毎日ハッピー。嬉しい」

そうすれば、「素敵な恋愛」で「幸せ、笑顔」「あたたかい家庭」「毎日嬉しい」

ピクチャーが脳のなかに生まれます。

「お金」のたとえでしたら、
「お金に恵まれていつも懐《ふところ》があたたかい。欲しいものや経験したいことが自由にできる豊かなお金に囲まれている私は裕福で幸せ。感謝、嬉しい、ありがたい」
そのように想像をし、
脳に「豊か」「裕福」「自由」「幸せ」「感謝」のなかにいるあなた自身が、
ピクチャライズされます。
そうした、想像、イメージを定着させ、すでにそうなった自分でいるように心がけ、喜び、感謝の状態を持続させるようにします。

心配すると心配なことが起こりやすいわけ

もう、おわかりかと思いますが、起きてほしくないことを心配しているとき、脳のなかではその光景を思い浮かべています。

つまり、「なりたくない未来図」を思い描き、そのシナリオを形成してしまっているということになるのですね。

ですから、心配するよりなにより、よい想像をして「喜んでいる」ことです。

なりたくない未来図を想像すると脳はそれを経験する方向に働きだします。

同時に、宇宙の見えざる引き寄せの力に、それを注文してしまうことになります。

ですから、私たちは自分の「思い」を意識的に創りだす力が必要なのです。

不安や心配もだいじょうぶ

心配したらそれが「未来図」「シナリオ」になるとはいえ、よくありたいという思いがあれば必ずその反面がありますから、うまくいかないことへの不安や心配が芽生えるのも自然なことです。

ですから一瞬たりとも不安や心配を思ってはならないということではありません。

ただ、そうした思考や気持ちになっている自分自身の心に、「圧倒されないでいる」ことが波動を乱さないという意味で大切です。

不安や心配などの自然な感情も、「よしよし」「だいじょうぶ」と抱きかかえ受容しましょう。それができれば、心乱さず目指しているところを意識しつづけることができますから、あなたという舟が動揺して転覆することはなく、あなたの行き先がレールからはずれてしまうこともない、ということなのです。

経験している「現実」とはテレビ番組のようなもの

私たちが経験している「現実」とは、それぞれのチャンネルに周波数を合わせることでそれぞれの番組が映る、テレビのようなものです。

だから、つまらない周波数でいるとつまらない番組が映し出されてしまいますよ、その一方で、ハッピーで平和な気持ち、感謝の気持ちになりさえすれば、瞬時に波動は同調するので、ハッピーな、さらに感謝できる番組を映し出してくれますよ、ということです。

ということは、私たちの世界にも同時にいくつもの世界が存在しているということなのです。どういうことかといいますと、テレビで、あるチャンネルを選んである番組を観ているあいだにも、別のチャンネルでは別の番組が放映されています。今それは観えてはいないけれども、それは存在しているということです。

私たちの世界も、私たちが経験している現実のほかに、同時に無数の番組が用意されているのです。

そのなかのどのチャンネルを選ぶかによって瞬時に現実は変わるわけです。

いつも喜びや豊かさ、感謝、愛といった波動でいることによって、一瞬先の現実も変わっていくことになります。

だから選択できる自由意志を使わないともったいないのです。

自動思考と自由意志

つまらない番組を、つまらないと嘆きながらいつまでも観ているなどということはありません。

それとまったく同じように、現状が辛く嘆かわしい状態であっても、その状態に圧倒されたままでいる必要はありません。そこでチャンネルチェンジするのが私たち自身のオシゴトであると心得ておきましょう。


このとき使うのが「自由意志」です。

意識的に思う、ということです。

これに対して、習慣的な、パターン化した思考が自動的に嘆いたりしてきます。

「でも、だって実際、現状がこんなにひどいのに、どうやってよいことを思って喜べっていうの⁉」と。ときには強烈に反発してくるかもしれません。

このときの「でも」「だって」は、とりあえずもっともなことですから、一気にポジティヴな想像ができない自分を責めはしないであげてくださいね。

それより、「そうだね」「よしよし」「もっともだね」とやさしくなだめてあげてください。

あなた自身が、「でも」「だって」と反発してくる旧来の自動思考に圧倒されず、共感し、だいじょうぶだよ、と愛で包んであげることが、この段階をスムーズに進めていく秘訣《ひけつ》です。

そのうえで、「では、どうなりさえすればハッピー?」と問いかける。

そうなるといいね、だからそう思ってみようよ、と自分の手をやさしく引いてあげてください。この繰り返しはしばらく続くと思いますが、多くの人がこれを続けないので、願いを叶えることができないのだということを覚えておいてください。

自分への愛情と根気とが、必ず自分を幸せにするのです。

思いが変わればすべてが変わる

たとえば「苦手」な集まりへ参加しなければならないときなど気が重いものですが、そこで、「せっかくなら楽しもう」と気を変えると、話の合う人が隣席にあたったり、よい情報が手に入ったりして、「行ってよかった」となります。またこうした手ごたえや経験の積み重ねで、苦手意識は克服できることでしょう。

デートの最中に、相手の一言でちょっと気が沈んでしまうようなときも、そのチャンネルをみずからが「選んでしまっている」ということに気づく。そして、「今日はデートを楽しむためにきたのよ！」と、気持ちを選びなおすことで、エネルギー（波動）も表情も言葉も楽しいものに変わりますから、結果「楽しかった」という時間をもつことができます。

またべつのたとえでは、以前から欲しいと思って探していたけれどなかなかみつからない、というものをもっている人を見かけた、というとき、「でも見ず知らずの人に聞くことなんてできない」と思ってしまえばそれまでですが、自分の願望に応えて宇宙がこの人を眼の前に運んでくださったと思えば、「失礼ですけど、それずっと探していたんですがなかなか見つからなくて。どこに売っているか教えていただけませんか？」などと聞き、手に入れることができます。

このように、「どうなりたいか」「何を手に入れたいか」「どんな経験をしたいか」欲望を叶える方向で選んだ言動で、結果はまったく変わってきます。
この要領で人生という番組をつくりあげていくことができるのです！

あなたという乗り物の「行き先」を定めましょう

思いの法則、引き寄せの法則は、絶えず働きつづけています。

今、こうしているあいだにも、私たちの願望が実現する方向で働きがなされています。

タクシーに乗ったら「行き先」を告げさえすれば、運んでくれますよね。

電車やバスなどの乗り物は、フロントガラスに「行き先」が掲げられています。

乗り物は、こちらが動いて近づいていくイメージですが、

行き先を掲げたら、世界のほうがこちらへと近づいてくる、そうイメージしてみてください。

タイムトンネルの向こう側に「世界」を設置したら、その世界がこちらへ向かっ

て移動してくる、というイメージでも結構です。

このとき、私たちが方向をそらし横向きに歩んでしまっては、乗り物から降りてしまうことになります。タイムトンネルの外へ出てしまうことになります。

ですから、引き寄せの力の働きに対して、私たちは絶えずそのタイムライン、道、レールに乗り続けている必要があるのです。

一章のここまでは、引き寄せの法則、思いの法則を私なりにダイジェストでお届けしました。

引き寄せの法則では、願って待っていればいい、ということは本当のことなのですが、そのあいだに私たちが道をそれてしまうことが多く、なかなか叶わないということが起きているので、次の二章以降は、トンネルのあちら側とこちら側とをきちんとつなぐのに大切なあり方についてお伝えしていきます。

口角上げて深呼吸

「すべてはうまくいっています」
肩の力をすっとゆるめて、深呼吸しましょう。
口角を上げて、深呼吸。
愛と可能性の光、無限のエネルギーを吸い込みましょう。
そして、吐き出すとき、身体と心の力をゆるめてリラックス。
口角上げて、にっこり、ゆったり深呼吸。
見えざる力を働かせるには、身心がゆるんでいる必要があります。
なぜなら、私たちの身心が「力」の通り道だからです。
これから先も、口角上げて深呼吸しながら読んでいってくださいね♥

二章

欲望を信念に高めて願いを叶えましょう

願望が信念になるとき必ず叶うようにできています

「なりたい自分」
「手に入れたいこと」を、願望しましょう。
あなたが、欲しいものを手に入れることはもちろんよいことです。
あなたが快適に、ほんとうの自分で、
心からの幸福感に満ちて生きていくことは、
もちろんよいことです。
そうなっている自分を想像できますか？
想像してみましょう。

これまで創造されたいかなる発明も技術もプロダクトも、はじめは想像からできあがっています。

「こんなものがあったら便利だなぁ」「稼げるぞ」などの思いが、想像になる。そのようにして「思い描かれたもの」が創りだされてきたのです。

ですから、「そんなの無理」などと思わず、想像することを楽しむつもりで想像の練習をしてみることにしましょう。

あなたはこれからあなたの望むものを手に入れ、望む経験をしていきます。それはとても楽しい嬉しい喜ばしいことです。

願望を喜びとともに脳に描いて定着すると、願望はいつしか信念になります。その信念に従って私たちの心も身体も働き、その信念に従って、現実は引き起こるようにできています。

あなたが欲しいものは何ですか？

今欲しくて仕方がないものはありますか？

「私が今すぐにでも手に入れたいものはこれです！」と言えますか？

なんとなく、「あればあるに越したことはないけど…」とは誰もが思っているレベル、それでは弱いです。願望する力が弱いと、意図する力も弱いので、エネルギー、波動もうっすらと弱いままになってしまいます。

ですから、欲しいものを欲しいと思える力はとっても大切なのです。

しっかり強めて、思いを、エネルギーとして波動として宇宙の引き寄せをもたらせるよう発信していきましょう。

私たち自身の潜在能力にも、宇宙の力にも限度はありません。

ただ、私たち自身が「何を得るつもりなのか」を明確に強固に意図する必要がある。ただそれだけです。

「私が今すぐにでも欲しいものは○○です」

さあ、今すぐにでも欲しいものを、今、ここで、三回声に出してみましょう。

引き寄せの法則以外の成功法でも、「目標を口にする」と言われます。人と話すとき、自分の目標や願望をできるだけ言葉に出すと成就する、という法則です。

ひとりのときに声に出すことができなければ、人に対して発言することは難しいものです。自分自身にそれをGoする。自分自身でもそれに慣れていくということはとても大切なことなので、声に出すことにはじめ躊躇《ちゅうちょ》や抵抗があっても、旧《ふる》い自分を打ち破るお稽古《けいこ》だと思って、声に出しましょう。

ハッピーな恋愛？　声に出したら叶います

すぐにでも、素敵な恋愛がしたいですか？

「私はいますぐにでも、ハッピーな恋愛がしたいです」

「私は、愛する人とめぐり逢う準備ができています」

そんなふうに、声に出してください（どうしても声に出すことに抵抗があるならば、まずは書いてください。書いたものが視覚から脳に入り馴染《なじ》むので、それから声に出すというステップを踏みましょう）。


人はみな、ハッピーな恋愛をする自由があります。

もちろん、権利も価値もあります。

そして、何にせよ欲するということはそれを迎える準備ができている証拠！

いい恋愛をして楽しい時間を過ごすことはもちろんよいことです。

自分はそれにふさわしくない、などと思うのは間違いです。

なぜなら、私たち自身が勝手に「ふさわしくない」などと思うのは、単にこれまでの人生のどこかで、そう思いこまされてきただけだからです。

そんなことを決めつけることのできる権限を有している者など、いません。

私たち自身でさえ自分自身の価値を低くする権限は、ほんとうはないのです。


あなたが、今、ハッピーな楽しい恋愛をしたいと望んでいるなら、
今、ここで、ご自分の願望に素直になってください。

「でももしそうならなかったら」などという否定的な考えはかき消して、あるいはいったん端に置いておいて、

「私はハッピーな恋愛がしたいと、心からそう望んでいます」

言葉にする力強いその思いをあなたの脳も宇宙もしっかり聴き取っています！

ストレートに欲求すれば叶います

欲しくないものではなく、欲しいものを望んでください。
起きたら困ることではなく、起きてほしい喜ばしいことを想像してください。
そして、それらについて言葉にすることに躊躇しないよう練習していきましょう。

練習というのはただ習慣づけることです。お稽古していくうちに、あなたは内側から変わっていきます。

たとえば、結婚したいですか？

だとしたら、
「私は運命の人と出会って結婚したいです」「します」

そう、言葉にしてください。声に出してください。

そして、運命の人と仲よく幸せに笑顔で暮らしている未来図を想像してください。

私たちの人生は間違いなく、私たち自身が想像したものが、想像したように手に入るようにできています。

思考やイメージを放っておいては、思うでもない思いが実現されます。

だから、放ったらかしにしないで、イメージする、声に出すということをするのです。

「結婚したい」とストレートに望んでよいのです。

ひとりで考えていても、そこまでストレートに思うことが恥ずかしい、という人は、「欲求の抑圧」が思考のなかで習慣になっていることと思いますから、今日を境に、欲求することに慣れていきましょう。

欲しいものをストレートな言葉にしたほうが叶いやすい

「幸せになりたい」と言うことはできても、「結婚したい」などストレートな言葉を使うことを無意識に避ける傾向にある人が少なくありません。

ヨウコさんの場合もそうでした。

いろいろと相談内容や願望についてうかがいましたが、「ともに高めあえるパートナーがいればなぁ、と思うのですが」というような表現ばかりするのです。

もちろん、いけないとはいいません。が、どこかヨウコさんが、はっきりと「結婚したいんです～!」というストレートな欲望を開示することを避けているのは明白です。

そんなとき、私はすぐには、

「では、あなたはそろそろ結婚がしたいのですね」と欲望を代弁してあげるとは限りません。そのかわりに、

「ということは、ヨウコさんは、どうなりさえすればよいと思ってる？」と質問し返すことがあります。

そう仕向けることによって、ヨウコさんのように遠回りな表現をするケースでは、

「(ということは) 私、結婚がしたいんです」

と、脳の神経細胞をみずからの思考で欲望の箇所へと〝つなぐ〟ことができるようになるからなのです。

これはある種のトレーニングですが、この脳トレで、「欲求」へとみずからの思考回路をつないでいくことがとても大事なのです。

ストレートに願望を表現しない、できないという、いわゆる欲望抑圧タイプの人は、みずからの欲望に気づき認め、口に出すトレーニングが効果的です。

欲することは恥ずかしいことではなく健康なことです

愛や結婚にしても、お金にしても、健康にしても、楽しみにしても、欲することは健康なことです。
なにも恥ずかしいことではありません。

だから、はっきりと「何が欲しいのか」考え、その言葉に恥じらいや罪悪感をもたずに、表現したほうがよいのです。

自覚のあるなしにかかわらず、何ごとも欲してはいけない、という思いがいつも心にある人は少なくありませんが、たいていの場合、子ども時代の躾《しつ》けが影響しているものです。

「そんなもの欲しがっては恥ずかしい」とか、

「もしできなかったらどうするの！　知りませんからね」などと言われて育っていると、いつしか、

「こうしたい！」という鮮やかな欲求を口にするのをやめてしまいます。

口にするのをやめてしまうと、頭で考えることも少なくなり、欲望へつなげる脳の神経細胞は退化し閉塞してしまいます。

それなので、本来、健康なはずのさまざまな欲求が抑圧されてしまうわけです。

お金にしても愛にしても、その他の人間関係や楽しみにしても、すべて「欲求」が発端で動機ですから、健全な欲求は、とてもよいこと、大切なことなのです。

ズバリ言葉にすることで願いは叶いやすくなります

「どうなりたくない」ということを考えるのは、弓矢で、わざわざ的の外を標的にするようなものだということはすでにお伝えしましたよね。
だから「どうなりたいのか」ということを考え、想像する。
そして言葉にする、ということで、
あなたという人生の弓矢は、的の内側に向かうことになります。

今度は、的のなかの「どこに」照準を合わせるか。

明確な言葉にして望むことが大切になってきます。

なぜなら、「豊かになりたい」「幸せになりたい」というのは、確かに的の内側ですが、それでは一応、的の内側というだけで、的の中心ではないからです。

別のイメージでたとえるなら、旅先を「西へ」と決めたまでのところです。

では、その「西」の「どこへ」旅したいのか、するのか、ということを絞り込んでいく必要がある、ということです。


「あなたにとっての豊かな生活とは？」

それを書きだすなどして明確にしていきます。

そうすると、家や車や旅行などがあがりますが、そのために、「月収いくら」とか「年収いくら」ということも明確にしなければなりません。

ところが、なかなかそれをハッキリ考えたり口にしたりできず、ためらいや恥じらい、罪悪感などをもってしまう人も案外多いものです。

そうした留め金をこの本で、どんどん外していきます。

ロックを外して自由になることが、私たち自身のオシゴトのひとつであることを肝に銘じておきましょう。

あなたにとっての「幸せ」を明確にイメージしましょう

「幸せになりたい」「豊かになりたい」と思うことはもちろんよいことです。けれども、それでは、前項で、「西へ」と方角を定めたままで、というのと同じなので、さらに明確にすることが、願望実現の秘訣のひとつになります。

そのあたりがまだおぼろげだという方は、まず紙に書きだしてください。

＊結婚したらお料理や手作りを楽しむ専業主婦になる。
＊○年○月までに結婚し、子どもを二人産んで、時間に余裕ができた○年には、資格を生かして自宅でお教室を開く。
＊毎年海外旅行を趣味にできる人と結婚する。そのために二人合わせて年収は最低でも1000万円稼ぐ。
＊○年○月事業を起こしてまずは月収50万円得る。時間にも余裕があり、素敵

なレストランでお友達とランチを楽しむ。
＊○年○月には事業が成功し必ず月商３００万円稼ぎ、メルセデスベンツに乗る。
＊自分の経験や知識を生かして、本を書き講演などで活躍し、人さまのお役に立ちタワーマンションに住む。

などなど、こんな調子で書きだすことを楽しんでください。

書くということをしたことのない方は、欲求の解放ワーク、書き出しゲームのつもりで、はじめから決定しなくてもよいので、なにしろ書いてください。口に出すとか人との会話で話題にするにしても、その前に自分のなかで明確になっていてこそ、ですので、書いてみてくださいね。

補足ですが、はじめから何に書くか、など考えすぎずだいじょうぶです。「願望ノート」を一冊作ってもよいですし、いらなくなった用紙の裏に書いたりしてもＯＫ。はじめは書くことでイメージを強めていくことに慣れましょう。

考えすぎず動く習慣をつけましょう

健全に欲する、堂々と口に出す、イメージを明確化してヴィジョン(視覚化)するなどについてお話ししてきました。

これらをするにしても、「どのようにするのが正しいのか」「これでいいのか」と考えすぎて、結局、明確化も視覚化もしない人が実は相当数いらっしゃいます。

そういう方は、ものごとを正しく行うべき、と真面目に考えすぎる傾向があります。完全主義ということもできるかもしれませんね。そうなると、ゼロか100か、に陥《おちい》ってしまうことが多くなるので、結局やらずじまい、となりやすいです。

あてはまるかな、という方は、本書の提案を実行することに加え、日常のいろいろなことに対して、これからは以下を習慣づけてみてください。

＊正しさや詳細はよいとして、アバウトでよいので、とりあえずどんどん実行してみる。
＊何ごとも6割主義でよいことにする。

願望が成就するということは、当然私たちが「経験」するものですから、日常でいろいろなことをどんどん経験していく「身体づくり」も大切です。

そうでないと、引き寄せの力が働いて、チャンスやご縁が目の前にきて「手を出しさえすればよい」というとき、そのように「動けない」「動かない」で終わってしまうことになりかねません。

人生での願望など大きな目標を叶えていくことができる人になるには、小さなことにも自由に動く習慣づけが肝心です。願望が叶った世界がトンネルの向こう側だとしたら、そこへと掘り進む「つなぎ」部分を鍛えることがとても大切。

これは、私は長年の個人レッスンで経験してきましたので検証済みです。

目的に時間をつかう

能力や可能性のある人が、願望を実現していないとしたら残念なことです。

前項で、詳細を気にする完全主義について書きましたが、その傾向にある人が、案外、成功を今一つ形にできていないということは、残念ですがありがちな気がします。

というのは、完全主義傾向とか詳細が気になる神経質傾向の人というのは（私もその傾向が多分にありますが）、願望成就に「ほんとうに関係ある」とはいえない周辺のことに時間を費やしてしまうことが多いからです。

山頂を目指して登山をはじめればよいものを、足元の雑草が気になって、雑草刈りで麓《ふもと》をぐるぐるまわり時間エネルギー、心的エネルギーを費やしてしまうわけです。

簡単なたとえでは、ダンスを習いたいと思ったら、まず体験レッスンへいって気に入ったお教室に通いはじめるなら一週間もあれば実現しますよね。ところが、完全主義傾向の人というのは、ダンスへいくには太っているとか身体が硬いということで、「その前にヨガ？　エステ？」などと考えてしまうものです。

やっているうちに痩《や》せるでしょ、身体も柔らかくなるでしょ、と考えられず、習いはじめから格好悪くいたくない、迷惑かけたくない、完全でありたいと思う、その部分が完全主義にあたるわけなのですね。

このとき、ヨガを習うとしても行動は行動ですが、これはダンスを習いたいという願望成就に対しては目的的、直線的かというと、そうとは言えませんよね。

「いろいろやっているけど叶わない」という人の多くは、この「いろいろやっている」ことが実のところ回避行動ばかりしているということは多々あります。

「回避的」と認めるのはよい気分でないかもしれませんが、旧来のパターンを見直して改善すべきと思われる方は改善するのが吉です。

願いを叶える原理はひとつ

ここまでのところ、
欲望は健全なものとして認め、イメージを明確化し、それを言葉にするというお話をしてきました。

引き寄せの法則とか宇宙にお願いするというと、「外」から叶えてくれるというイメージかもしれませんが、私たちの脳が私たちの欲求に従って行き先を設定することで潜在能力が働きはじめるので、そこからすると叶える力は「内」にある、とイメージできます。

そのどちらなのだろう、と考え悩むのはやめましょう。
それらは、どちらも同じだからです。
なぜなら、私たちは「自分」という存在を、とりあえず皮膚の内側と外側とでわけて考えていますが、宇宙の力とか神様の力、天の力というものと、私たちに内在する無限の力とか潜在能力といったものは、ひとつの同一のエネルギー（力）だからです。

外と内の境に存在する自分という観点から観てわかろうとするから、「内なのか外なのか」と考えてしまっているだけのことなのです。

だから、

「宇宙の引き寄せの力の可能性は無限なのです」ということと、

「人間の潜在能力の可能性は無限なのです」ということは、同一のことなのです。

その力の発動のさせ方を覚えてしまったら、

それが、恋愛であろうと、結婚であろうと、お金であろうと、健康やその他の人間関係やライフワークであろうと、同じようになんでも叶えることができるということなのです。

口角上げて深呼吸

口角上げて、深呼吸で、リラックス☺

肩首の力をゆるめて、一度両目をぎゅっと閉じてみてください。

「すべてすべてはあなたの思いの通りになります」

Yes、だから喜んでいましょう!

もうすでに、叶った自分に「なって」喜びを胸に広げましょう。


健全な欲求を大いに解放し、喜ばしく、受け取りましょう。

嬉しいことばかりのこれからの人生をお祝いお祝い。

「ありがとう、ありがとう、ありがとうございます」

困ることなど何もない。すべてはうまくいっています✧

次章も楽しんでください♪

三章

引き寄せ体質のつくりかた

自分の願いを叶えてあげよう

日常で欲求を表現するのは苦手とか、恥ずかしい、と控えめでいるのはもったいないですから、そういうタイプと思われる方は、これからは、欲しいものがあったとき、欲しいという態度を示すようにしましょう！

「これ欲しい人〜⁉」と言われたら、

「はーい！　欲しいです〜！」と純真な子どものように手を上げましょう。

こんなふうに自分が自分の望みを叶えてあげられる「身体」を鍛えておくことが引き寄せの力を強く働かせることができるようになる秘訣です！

具体的な場面を想定していくつかあげておきますので、応用してお稽古してくださいね。

＊「まあ仕方ないか」で終わらせないこと。

(例) 買い物したらもれなくついてくるギフトがあると聞いていたのに店員さんがくれなかった、というとき、「まあいいか」とせずにたずねるようにする。

＊以前から欲しかったものや探していたものをもっている人がいたら、恥ずかしくても聞くようにする。

(例)「どっちでもいい」と言わないようにする。

何食べたい？　どっちがいい？　と聞かれたら、相手ではなく自分を優先に感じてみるようにしてそのまま素直に応えるようにする。

こうして、日常の小さな欲求を自分自身が叶えてあげることは、自分を愛することでもあります。自分のことを優先してはいけないのではなく、優先すべきときにできる、ということは精神的自立にもつながります。またこの練習をしていくと、あらゆる関係で素直な心を表現することができるようになります。

一瞬の「勇気」が人生の行路を激変させますから楽しみにお稽古しましょうね。

「いい人」の概念をひっくり返すと願いは叶います

「いい人」の概念をひっくり返すと、あなたの願いはいよいよ叶うようになります。

というのは、「いい人」というのは頼まなくてもこちらの欲しいものを汲《く》み取って与えてくれる人のことを指しますが、引き寄せの力というのは、汲み取ることはしないものだからです。

欲して頼まないと発動しない力なのです。

ですから、物欲しそうにしていて届けてくれる人や、戸惑っている様子を察して声をかけてくれるという、これまでの「いい人」に、頼るともなく頼っていたことを認め、それをやめるように心がけてください。

＊仲間に入りたければ、「私も入れて」と入っていってください。

✼いかにも、わからなそうにしているとたいていは教えてもらえたりしますが、実は暗に、教えてくれそうな人がそこにいるのを嗅《か》ぎわけているはず。ですから、それをやめて、自分から「教えていただけますか」と素直にストレートに申し出るようにしてください。

✼申し訳なさそうにしていたら「いいのよ、気にしないで」などと許してもらえると思わず、こちらから非を認めて謝って許していただくように働きかけてください。

これまで、こちらが働きかけなくても、ほほ笑んでくれる人、与えてくれる人、わかってくれる人、理解してくれる人、汲み取ってくれる人、許してくれる人のことを、とりあえず「いい人」と思っていたと思いますが、それは私たちの力を閉じ込めることになります。誰かに依存して生きていくことを意味しています。なぜなら、私たちはそういう相手に対しては「お気に入りのいい子」でいつづけなければならないからです。

あなたも「いい子」「いい人」をやめると願いは叶います

前項のレッスンと並行して、あなたも「いい子」「いい人」を演じなくていい、むしろ、これまでのように「いい人」をしないように心がけてみてください。

すると、互いに依存傾向にある人同士が意外と「いい人」をやりあっているのだということがわかります。

そして、自分から働きかければ自分で得ることができるという経験をしていくと、人に対して「いい人」をしてきた自分というのも、案外人の力を信頼していなかったのかも、と気づくかもしれません。なぜなら相手にも相手の欲しいものを言える能力があると信頼し、言えば手に入るとわかりきっていれば、あれこれ先回りして「いい人」になってあげる必要はないわけですから。

これは、引き寄せの力を働かせて願いを叶える秘訣でもあるのですが、あなたがこれからヘンな依存関係のなかで生きていかなくてもよいことになる素敵な未来をつくりだすためのレッスンでもありますから、ぜひ心がけてください。

つまり、こうした部分で「幸せになるのにいい人が必要」という思いがあればあるほど、それに応えてくれない相手と結婚することになります。なぜなら、そこにレッスンがあるからです。

ここをわかっていないと、結婚相手ばかりとは限りませんが、義理の親との関係やビジネスでの関係で、「どうしてわかりそうなものをわかってくれないのかしら」と悲しんだりイライラしたりすることになる可能性が高いです。

相手は、「欲しけりゃいえばいいのに」と、あなたの自由を尊重してあなたの力を信頼するのが「当たり前」と思っている場合があるということなのです。

無理や我慢をしすぎない　健康管理は自己責任

したいこと、欲しいものは、どんどん自分に与えることができる自在な自分になることを練習していますが、「無理や我慢をしすぎないこと」も当然のレベルにしたいものです。

無理したときばかり評価される、認められるということが長年習慣づいていて、心のなかでその状態を求めていると、ついつい人のためにがんばりすぎてしまいます。

その場合、我慢しただけに見返りがないと傷ついてしまうものです。実際の見返りだけでなく、感謝される、ほめられる、認められるということも含まれます。

それは要するには、注意を向けてもらえる、つまり愛されるという感覚を得られるということでもあるのです。

けれども、自分が無理しないと愛されない、認められない、あるいは許されないというのはそもそもおかしなことです。

無理や我慢をしすぎること自体、不健康なことなのですから。

前項と同じく、自分自身にやさしく、無理させないということを「与えてあげる」習慣をつけていきましょう。これらの練習は、前項でも触れましたが、願いを叶えるうえでも大切ですが、これからの関係や環境づくりにも影響してきます。

いつも自分ばかり疲れて、「いい人」で「都合のいい」ように扱われることを自分の当たり前にしていると、これから出会う人にも反映され似たような関係を築くことが予想されますから、今のうちに「自分をだいじに」「自分のために」という日常での簡単シンプルな言動の習慣を変えていきましょう！

心のセラピー／そのままのあなたでいい

ここでご一緒に深呼吸しましょう。
口角を上げて、深呼吸してみてください。
自分自身に愛の光を送りこむようなイメージで、深呼吸を続けていきます。
深呼吸しながら読んでいってくださいね。

あなたのすべては、それでよいのです。
命あるすべてのものは、その、ありのままを許されています。

あなたは、あなたのまま、幸せになることができるようにつくられています。
疲れている自分がいたら、その自分に癒《いや》しの光を吸いこんで、届けてください。

悲しんでいる心があるなら、その心に、やさしい愛情を届けてあげてください。
肩の力をゆるめてください。
あなたはそのままでよいのです。
あなたは、ありのままのあなたで、幸せになるようにできています。

無理している部分、我慢している部分を、ねぎらってあげてください。
自分を抱きしめてあげてください。
自分自身に「ごめんね」「ありがとう」と心を込めて伝えてあげてくださいね。

「いつも一緒だからね」
「無理させたりしないから」と自分自身に伝えて、あたたかく抱きしめてあげてください。

あなたはそのままで、そのままのあなたでよいのです。

苦痛や我慢など「不快」を感じてあげましょう

無理が当たり前の人はあまり無理していることに気づきません。

ある意味、適応能力が高いということができますが、いっぱいいっぱいになってしまいますし、自分が自分の無理に気づいてコントロールしてあげる習慣をつけないと、あるとき心がポキッと折れてしまうこともあります。

自分を守る意識を高めて、自己管理は自己責任と思って練習しましょう。

具体的に、以下思い当たるようでしたら、自分のケースに応用してください。

＊職場などで忙しいとき電話などに対応するのはいつも私　残業するのはいつも私という場合
勇気を出してこれまでのあり方をブレイクしましょう。単に無視して自分の仕事に没頭する（そのうちに別の人が電話に出るものです）「すみません、今

日は用事があるので」と断りましょう（「歯医者の予約が」などウソも方便）。

＊頼まれていないのに請け合って、役割ややることを増やしている場合

頼まれない限りはこちらから「しない」練習。これを通して心と身体とお時間に余裕を設けます。

＊ひとりで背負わずに、「協力」「お願い」を頼みましょう。

あなたには「できるもの」と思い込まれると、さらに都合よく頼まれます。ですから「半分お願いできますか？」など、さらりと頼む練習をしましょう。

＊限界設定をしましょう。

「ここまではできますが」という限界をみずから示しましょう。

残業なら「何時まででしたら」と伝えて、その時間になったら悪気なく「それではそろそろ失礼します」とすんなり離れるようにします。

うつ病になりかけていた会社員に「あなたがいなくても会社はつぶれないから、だいじょうぶよ」と伝えてこれを練習したら、問題なく定時に退社できるようになったという例は複数あります。

「善は急げ」で即行動

電車で席をゆずるなど日常で親切にしたいと思ったら、善は急げで即行動しましょう！

ほかの人がどうしているか、など、「ほかの人」を基準にしないようにしましょう。逆にいうと、ほかの人を基準にしている限り、私たちはほかの人と同じようでしかいられないということです。

「私がそうしたいからする」、これを当たり前の習慣にシフトアップしていってください。

「ほかの人はどうなのか」以外にも、
「どっちがいいか」という「いい」を基準にしないようにしてみましょう。
それより、自分にとってそれが「喜びか」を基準にしてください。

人がしていないことでも、いい悪いはおいておいても、自分の心の喜びに従った行動ができたときというのは、心が、魂が喜ぶものです。

そうすると、たとえその行為に対して評価や感謝を得られなくても、悲しんだり怒ったりすることはありません。心が望む「好いことができた」という、自己有用感や満足感に浸ることができるからです。

そうした経験の積み重ねが自信や自己イメージの引き上げにつながるのです。

はじめは、ちょっと勇気がいるかもしれませんし、考えているうちに機を逃してしまうこともあるかもしれませんが、なにしろお稽古のつもりで日常で力をつけていってください。

「人は人。自分は自分」

あなたは、あなたの心に従って幸せになるようにできているのです。

一喜一憂しないこと

引き寄せ体質の持ち主になるなら、「一喜一憂しない」よう心がけることにしましょう。

すべてのことは、
「以上」か「通り」か「以下」のどれかです。

期待以上や期待通りでしたら、通常、嬉しいもので、
期待以下、期待外れでしたら、通常、がっかりするものです。

そうした気持ちは気持ちで自然なものとして受け容れてよいのですが、これからはその都度、あまり「気持ちを振れさせない」よう意識してみていただきたいの

です。

なぜなら、「心の針」は、喜怒哀楽のどちらに振れても、大きく振れる場合には波動を乱してしまうからです。

楽しいとき、楽しそうにしてはいけないというのではないので、ここはちょっと微妙なところなのですが、目の前の結果はいずれも一時的で、最終的なものではなく、私たちの定めた願望を成就するプロセスです。次のよりよいもののために目の前のことはうまく運ばれなかったということがありますから、いずれのときにも心の中心では「感謝します」「光栄です」というゆるぎない気持ちでいるようにすることをおススメします。

つまり、いちいち一喜一憂してしまいますと、その都度、乗っているボートが揺れて危うくなってしまい、その乱れを取り戻すのにその都度時間がかかってしまうということになるのです。

平常心、不動心を得るための修行も同じで、なにごとにも一喜一憂しない、心で大騒ぎしない、ということは基本になります。

「一日を」「一週間を」「一ヵ月を」成功させよう

「婚活はしているんですけど」といいながら合コンばかりしている人がいます。もちろん、合コンが悪いとは言いませんが、〝本気度〟が違うので、付き合ってみたら相手は妻帯者だった、などということもよく聞くところです。そういう女性が正式な結婚相談所は「お金がかかるから」といいつつボーナスでブランドバッグを買ったりしています。もちろん悪いとは言いませんが、人生での願望に対して目的的なのかというお話です。

また、起業して稼ぎたいという人が、実際の行動よりも経営者や実業家のセミナージプシーになっているケースもあります。もちろん、セミナーで勉強したり人脈を広げるということも否定しません。が、その人の性格が完全主義的な場合は、登山と雑草のたとえで示したように麓をぐるぐるまわる、いわゆる強迫観念的な行動をして「やっている」気になってしまうことがあるものです。

つい「ついでに」とか「せっかくならこっちも」「これも大切」と思ってやってしまうことを増やさないように、「目的的」であるか自問するようにしましょう。

また「付き合いも大切ですよね」と飲み会にばかり、時間、体力、お金を費やしてしまうことのないように、自分自身の「目的」優先にしていきましょう！

そうすれば、願望成就までの時間を最短にすることができます。

毎日、自分の定めたゴール、自分という乗り物の「行き先」を確認し続けて、そこへのレールから逸れてしまってはいないか注意するようにしましょう。

いつもそのように明確な目標をアファメーションやヴィジュアライゼーションで確認していると、ひらめきという形で、ピンポイント的な情報や行動へと導かれるものです。

※アファメーションとは、願望成就のための肯定的宣言のこと。ヴィジュアライゼーションとは、前頭葉へのイメージを視覚化することを指します。

引き寄せの法則は、思いの法則

ここまで引き寄せの法則の力をよりたくさん働かせることのできる「引き寄せ体質」になるため、いますぐ日常で心がけることのできることがらを提案してきました。

なにしろ、いつも「なりたい自分」でいるようにしましょう。

起きてほしいこと、手に入れたいことを考えるようにしましょう。

そうすると、あなた自身のチャンネルが、欲しいものや経験したいことを「受け容れる」周波になるので、その現実が起こります。

実際、思った瞬間に、思いの向きが変わるので、「行き先」「結果」は変わりはじめているのです。

それが実際に、目で見たり経験したりして確認できていないので、

「なかなかならない」と思ってしまうものですが、そうしたみずからの「思い」を自由意志で操作することができれば、あなたは引き寄せの力を使って、思ったことはどんどん実現することのできる人になることができます。

ですから、「引き寄せの法則」とは「思いの法則」。

「思いは現実化する」という法則です。

ただし、それが、ひとりでに外部からやってくるということももちろんありますが、一章の最後に書いたように、トンネルのこちら側からも掘り進めてこそ実現します。

落胆したり絶望したりすると、思い・波動が変わってしまうので、目に見えない時間のレールが「うまくいかない方向へ」角度を変えてしまうので、思いも言動も一致させるようにしましょう。

口角上げて深呼吸

口角上げて深呼吸しましょう。
肩、首の力を抜いて心地よい光を深呼吸しています✧

あなたの人生を邪魔することのできるものなど、
この世に存在していません。
あなたはもちろんなりたい自分になってよいのです。
そして、それは自分自身が選択したように、なります。
逆にいうと、自分自身が選択し、決め、行動しなければ、実現しないのです。

今からあなたはいかようにもなることができます✤
遠慮はもういりません、希望の未来へ羽を広げて飛び立ちましょう！

四章

あなたを結婚に導きます

なぜいま結婚できない女性が多いのか

もし今あなたが、ある程度の年齢で独身の場合、結婚について、「いつかできるもの」と思ってきたのではありませんか?

「いつかいい人がいたら」と。

多くの人がそう思ってきたと思うのです。私もそう思って育ちました。

私は40歳で結婚しましたが、今いわゆる結婚できない女性たちが多い理由は、「いつかできるもの」という結婚への考え方が間違っていたからだと思うのです。

というのは、みなさんのご両親は恋愛結婚でしたか?

私の世代の親のほとんどはお見合い結婚でした。

戦争が終わった時代、親類や知り合いから、紹介されて、お見合いして結婚するという時代だったのです。

お見合いといっても現代の紹介所などのように何度でも断ることができる状況ではありません。

「働き者のいい人よ」なんて薦められて、お付き合いして結婚、というのが当時は常識というか、社会の風潮だったのです。


そうして結婚したカップルが家庭をもつ。

そこに生まれ育った私たちは、疑うこともなく、

「大人になったら結婚できるもの」

「いつかいい人が現れるもの」と思ってきたわけです。

思ってきたというか、自然と思い込まされてきた、と言えるわけです。

20代で所帯を持つのが当たり前だった時代

みなさんのご両親がお見合い結婚ではなく恋愛結婚だったとしても、お付き合いが進めば、「そろそろ所帯を持ちましょう」ということで、結婚する時代だったことと思います。

その時代の若者も、そのままたご両親を見て育ちましたし、現代のように同棲してみたり、付き合っているあいだに何度も旅行などへ行ったりする時代ではなかったことでしょう。

だから、社会に出て働きはじめたら「所帯を持つもの」ということで、結婚し子どもをもうけ、家族のために働くということに疑いをもつこともなく、結婚ができたのだと思います。

そのころには、「価値観の不一致」などの言葉もあまり聞かれなかった時代だと思いますし、「自分探し」という言葉や概念も一般的ではありませんでした。個人的な価値観を尊重するのが当たり前の世の中とはいえない世代が、ちょっと前まであった、ということになるでしょう。

そんなふうに、社会も個人の生き方に対する考え方も、激変したため、「大人になったら結婚する（自然とできる）」という時代ではなくなった、ということなのです。

だから今、結婚していない人たちは決して問題があって「できなかった」のではないのです。「結婚は、しようと思わないとできない時代になっているよ」と教えられなかっただけ、といえるのです。

個人の価値観に目覚めた時代

ここまで述べた時代のなかで結婚し母となった女性の場合、夫のため子どものため当たり前のように〝仕《つか》える〟的生き方をしているあいだに、社会はみるみる豊かになるのを目の当たりにしてきたと思います。

「もっと好きなことをやりたかった」

「そういう時代ではなかったけれども、やっておけばよかった」と。

熟年離婚もそうした時代の女性が夫に仕え、子を育て上げ、「自分の人生」を考え、「自分の人生」を選択した結果なのでしょう。

熟年離婚しないまでも、多くの親たちは、自分にできなかったことを子に託すものです。

もっと教育を受けたかった、憧れの習い事もしたかった。けれど時代的にも金銭的にも難しかったということで、子どもによい教育や習い事をさせることになります。

子どもは子どもで、ほとんどの場合そんな親の思いに応えようと生きていきます。

大学や短大や専門学校を出て、資格を取ったり就職したりして働きます。

ある程度、好きなものを買って、恋愛もし、楽しい20代を謳歌するわけです。

20代半ばの（これまでの）適齢期になっても、親によっては「結婚はまだいいんじゃない？」などということも多々あり、ますます胸に抱いていた「大人になったら『結婚』」という未来図から離れていってしまうのです。

子の心、親知らず

またその逆に、親から、結婚に圧力をかけられることがプレッシャーだというケースもあることと思います。

「そろそろいい人いないの？」

「いつ結婚するの？」と圧力をかけてきます。

そうした親御さんの多くは、親類や地域性の関係から世間体をとても気にする傾向にあります。

ところが、世間体を優先した育て方をしてきた親御さんに育てられた人にかぎって恋愛経験が乏しいということがあります。

「実は一度も異性と付き合ったことがないんです」というケースも少なくありません。

カウンセリングをしてみると、たとえば中学生くらいになって好きな男の子と一緒にいたところを、親から見られてひどく叱《しか》られるという経験があったりします。近所の人や親せきなど世間体ばかり気にして親は怒るのです。年頃になって恋心が芽生えるのは自然なのに「恥ずかしい」とか「ませてる」とか「淫《みだ》らだ」と怒られたり罵《ののし》られたりすると、思春期の心は、誰かを好きになることや一緒にいることに罪悪感や過剰な自意識をもつようになってしまうのです。

すると、大人になって頭では、彼氏の一人や二人できてもいいのにと思ってはいても、男性に対して内心強く緊張したりして、「恋愛ができないんです〜！」ということになってしまうのです。

こうしたエピソードはトラウマと呼ぶことができるのですが、この場合は親からの圧力を跳ね返す力を養うことも必要になってきます。

あなたはじゅうぶん愛される価値があります

トラウマティックなエピソードが理由で恋愛に消極的なケースでは、子どものころから、容姿や能力についてネガティヴなことばかり言われつづけたために、自己評価やセルフイメージが極端に低いケースがあげられます。

たとえば、

＊「何々ちゃんは優秀なのにあなたは…」といつもほかの子と比較されて、自分はダメな子だと思い込まされているケース。

＊「ブスなお前は嫁に行けない」と容姿コンプレックスを植えつけられたケース。

＊姉妹がいるケースで父親が自分でない姉妹ばかりを可愛がり、自分は愛され受け容れられていないと感じて育ったケース。

＊小学生、中学生のころ、男子からいじめられた経験から男性恐怖傾向や、男性嫌悪傾向になっているケース。

などがあげられます。

こうしたトラウマ（とここでは呼びますが）を経験している人は、恋愛でうまくいくことを潜在的に拒否してしまうことがあるものです。

それは長年の心の状態、それは決して嬉しいものではないにもかかわらず、長年の心のあり方から離れることを心はどこか危機的なことと認知してしまうので、新たな状況になることを拒絶する、という形で自己防衛してしまうんですね。

だから、うまくいきかけるといつも自分からその関係を壊してしまうパターンがある、というとき、そうした心理がその背景にあるからなのです。

愛される価値のない人間などこの世に存在しません。

万人のアイドルになる必要などないのです。

あなたにとってオンリーワンの素敵な人と結ばれるようにできているのです。

「結婚したいのか」さえ、わからないケース

二章で登場したヨウコさんのように「結婚」という言葉をどこか避ける人の心理的背景には、「結婚」に対するネガティヴなイメージがあることがとても多いです。

たとえば、多いところであげられるのは、

＊両親が不仲でケンカばかりしているのを見て育った。
＊父親がいつも浮気ばかりしていて母の苦労を見て育った。
＊父親（ときに母親）が酒乱傾向にあり、怖い思いをして育った。
＊嫁姑など両親と祖父母の関係が悪く、いつも悪口を聞かされて育った。

などです。

子どものころから、ずっとそうした環境に身を置いて育っていますと、おぼろげ

に、「大人になったら結婚」というイメージも悪いものになります。

危険や心理的不快にさらされていたことから、「結婚」や「家庭」に対してネガティヴなイメージがワンセットになってしまうわけです。


こうしたケースの場合は、「自分は愛される価値がない」という低い自己評価の問題とは別に、「結婚」や「家庭」といったものに対して、「そこは不快な場所」「危険なところ」というある種、心の定義ができあがってしまいます。

すると、適齢期になって「そろそろ結婚したい」と思っても、心に、そこは穏やかなところではないという定義がありますから、心理的防衛が働くようになるわけです。

なので、

「したい、けど、こわい」

「したい、けど、ほんとうにしたいのかわからない」

など、自分でもよくわからなくなってしまうということがおきます。

ネガティヴ定義があるとみずから拒絶してしまうことがあります

前項で、結婚に対するネガティヴ定義をあげましたが、金銭についても同じです。

＊お金に対する悪口、お金を得ている人の悪口を聞かされて育った。
＊両親がお金のことでいつもケンカをしていた。
＊お金など望むものではないと躾けられた。

など、子ども心にお金はいやしい汚いものだとか危険なものだというネガティヴな定義を叩き込まれていると、純粋な幼心は当然そちらへ行くことを拒否するようになります。心理的にみずからを守るためです。

このように、お金や結婚、家庭などについて、そもそもネガティヴ定義が強いことが、願望成就のネックになっていることも多々あります。

つまり、
自分などよいものを得る価値や資格があるのだろうか、という「自己へのネガティヴ定義」の問題ではなく、
また、本来、健全な欲望を抑圧してしまった「欲望へのネガティヴ定義」でもなく、

そもそも、

〈結婚とは〉

〈家庭とは〉

〈お金とは〉

ということがらについて否定的でマイナスなネガティヴ定義が問題となるケースがある、ということなのです。

幸せになることはもちろんよいこと

「引き寄せの法則」や「思いと現実化の法則」を実践していても、なかなか成就しない場合、その人自身のなかに、幸せになることを恐れているとか、多くを欲することにうしろめたさを感じているとか、こんな自分になれるわけない、という潜在意識があるということが見いだされます。

それらはすべて「心の定義」。各人が何かに対して決めつけていることです。

一般的には、「幸せになることはよいこと」であるにもかかわらず、またそう頭ではわかっているにもかかわらず、心のなかに、たとえば、

〈幸せそうにしたらねたまれる〉

という定義があるとします。すると、

〈幸せになるとねたまれる〉⇩〈怖い・嫌だ〉⇩〈だからそうならないほうが安

全だ〉

という結論を出してしまうのです。

そうすると、恋愛ではデートしはじめた彼といい関係になりつつあるところで、なぜか自分から壊してしまう、とか、仕事で評価されて昇進できるかもというところで上司とケンカしてしまう、など「頭でわかっているのに」逆のことをしてしまう、ということがおきてしまいます。心は苦痛なほうを安全だと定義しているからです。

このように、幸せになることや多くを得ることに罪悪感やうしろめたさをもっている人は少なくありません。その背景に、子どものころからハッピーでお調子に乗っているとき親が一緒に喜んでくれたのか、それともそういうときに限って雷が落ちたのか。あるいは、自分がうまいことやったときお友達が一緒に喜んでくれたのか、それとも悪い噂を立てられ仲間はずれにされたことがあるか、など、過去のトラウマティックなエピソードが関係している場合は多いものです。

宇宙は無条件

「宇宙の法則、引き寄せの法則は、無条件で無限なのに、どうしてトラウマティックなエピソードなどからきている心の恐れに、行く手を阻《はば》まれるの？」と思われるかもしれませんね。

そこが、人間の「我」であり「頑固」な部分なんですね。

定義であれ、過去からの感情であれ、後悔や憎しみなども含めて、ほんとうは、ほんとうは、私たちが「せーの！」でその思いをチェンジしてしまえば、スルッと思いも細胞も未来も変わるものなのです。

けれども、そこで、結局、「でも」をだしてくるのが、私たち人間なんですね。

私は、引き寄せの法則など「宇宙からのメッセージ」を伝えるスピリチュアル・メッセンジャーで、願望成就のプライベート・コースでは個人的な指導に関わっていますが結局のところさまざまな「でも」やもともとの性格、習慣が引き戻しをかけてくるので、心理セラピーや、アファメーション、ヴィジュアライゼーション、各個人に応じた思考・言動の修正が必要になってくるのです。

でも、それは、その人がいけないのではありません。

それは、「つい戻っちゃう」人間の「脳」のなせる業だからです。


人生をよりよく激変させたいなら、心の定義や恐れや、あり方のクセなどを必要に応じて変えていけばいくほど、すぐに叶うようになります。

この本では、そうしたトンネルのあちらとこちらの「つなぎ」の部分で基本的な具体的なことがらを30年来の経験と研究からお伝えしているところです。

人生はレッスン。日々のお稽古で、あなたのほんとうの願いを叶えましょう！

口角上げて深呼吸

すべてはうまくいっています。
口角を上げて深呼吸。リラックスタイムを設けましょう。
あなたは、もちろん、それでいい。
あなたの、すべては、それでいい。
ありのままのあなたが幸せになるようにできています。
ありのままのあなたが愛されるようにできています。
困ることなど何もない。すべてはうまくいっています✧

口角上げて、深呼吸。
愛と可能性の光、無限のエネルギーを吸い込んで、
身体中に循環させましょう♡

五章
心の定義をポジティヴに

心の定義を書き換えていきます

幸せでいることはもちろんよいこととして願望しているのに、心のどこかでそうなることはいけないとか、怖いとしている。

そうした互いに相反する「矛盾思想」があると、願いを叶えようとして、アクセルを踏む自分と、叶えまいとしてブレーキを踏む自分とが絶えず闘い、葛藤してしまいます。

葛藤は心的エネルギーを使うので疲れてしまいますし、そのぶん、願望成就までに時間もかかってしまうというものです。


これ以降は、幸福、健康、愛、お金など、いろいろな素敵なことがらに対して、ポジティヴな定義を掲載していきますので、気に入ったページやご自分に必要だと思われるページを、ただただ繰り返し読んでください。

私たちの「脳」の定義を書き換えるにはリピート（繰り返し）がほんとうに功を奏します。

たとえば、あなたのまわりに、それほど魅力的と言えない人がモテているとか、さほど努力もせずにお金を得ているという人がいるとき「ずいぶんと〝おめでたい勘違い〟しているなぁ」と思ったことがありませんか。

そうなのです！

その人の脳に「おめでたい勘違い」といえるほどとってもポジティヴな定義が書き込まれていることが、その現実に反映しているだけのことなのです。

それは、子どものころからラッキーなことを一緒に喜んでもらえたり、失敗してもほめられたり、変なところを面白がられたりしたことで、「私は人気者」とか「金運がいい」など、よい勘違いが心の定義になっているからなんですね。

おめでたく洗脳されちゃっている、ともいえますね。

これを機会にあなたも心の定義をハッピーなものに書き換え、更新しましょう！

幸せになることは安全でよいこと

幸せになることは、もちろん安全なことです。
幸せになるということは、今より、楽になることです。
楽になることはもちろんよいことです。

なぜなら、苦痛でいることはそれじたい不健康なことだからです。
無理しすぎたり、我慢しすぎたりなどしないことが健康なことです。
だから、あなたはもちろん健康健全でいることを選んでよいのです。
だから、あなたはらくちんで笑顔でいることを喜んで選びます。

あなたが堂々と幸せを求めることは、よいことです。
私の不幸を望む人間など、この世に存在していません。

仮に誰かに幸せを阻止されていると思えても、信念をもって主張しましょう！

「だからなに？」

「私は幸せになると決めました」

「私が幸せになることはよいことです」

「私が笑顔でいればいるほど、私はまわりの人を幸せにすることができます」

Yes, あなたが幸せでいることは最高に素晴らしいことです。
人はみな幸せになるために生まれてきました。
人はみな、その人生で幸福を追求することで成長するようにできています。
だから、幸せになること、願望を叶えることは、
人生を完成させ、人格を高めていくために、必要なよいことです。
ありがとうございます。
ありがとうございます。
ありがとうございました♥

あなたは限りなく自由です

人はみな、限りなく自由です。
あなたの自由は尊重されています。
あなたの自由は宇宙に尊重され、人さまからも尊重されています。

もちろん、あなたも人さまの自由を尊重しています。
Yes, あなたはすべての自由を許し、認め、受け容れ、喜んでいます。

あなたを縛《しば》りつけているものなど、この世に存在していません。
そして、あなたも何かを縛りつける必要などないということを知っています。

これまであなたを縛っていた「あの人」の自由をも尊重し、

「あの人」を心のなかから解放します。

あなたは今、何者からも完全に自由になりました。
あなたはあなたの自由を心から尊重しています。
あなたはあなた自身の自由を優先してよいということを知っています。

これまで、「こうあるべき」と縛りつけていた心の枠を、
いま、深呼吸とともに緩め、解放しています。
あなたは、これまでの束縛を解放し、完全なる自由を手に入れました。
あなたは今、自由の光のなかで、喜びの世界に身をゆだねています。
ありがとうございます。
ありがとうございます。
ありがとうございました♥

得することはよいことです

あなたは得することを自分自身に許し、受け容れました。

なぜなら、得することは喜ばしいことだからです。

得すること、よい思いをさせていただくことは、素晴らしいことです。

今、あなたは堂々と、得する自分になっているところです。

今、あなたはさらに、どんどんよい思いをさせていただく自分になっているところです。


それはとても嬉しい居心地のよいことです。

もちろん、そうなることへの自由と権利はすべての人に平等に与えられています。

あなたは、これまで、得することに不自然な罪悪感を抱いていたことを認めます。
得している人に対して批判し、妬んでいたところがあったことを認めます。
そして自分自身を、これまでの人々を許し、手放します。

あなたは今、もっと得して、もっと笑顔になることを、選びました。
あなたは今、もっと得して、もっと笑顔になることを、あなた自身に与えます。

ありがとうございます。
ありがとうございます。
ありがとうございました♥

幸福のエネルギーは神の大河

あなたは、すべてのよきものを、心を開いて願い、受け取ります。
Yes, あなたは、恵まれています。
すべての人は無限の恵みを受けています。

あなたが、多くの恵みを受け、心から幸せに、心から笑顔になることは、
もちろん、居心地よい、安全なよいことです。

あなたが得することは、人や周りが損することを意味するものではありません。
あなたがよい思いをすることは、人や周りが悪い思いになることではありません。

なぜなら、宇宙の愛やよきもののすべては、

膨張、増大しながら、美しい大河となって巡り巡っているものだからです。

ですから、あなたはあなたの幸運、恵み、笑顔を心から望むように、
あらゆる人の幸運、恵み、笑顔を心から応援しています。

このように、あなたが「得ること」と「与えること」は、
まったく同じことであるということを、あなたの精神はもともと知っています。
与えれば与えるほど、よきものを得ることになるということを知っています。

幸せ、喜び、笑顔、豊かさ、愛の大河のなか生きていることを、
今、あなたは心から祝福しています。
ありがとうございます。
ありがとうございます。
ありがとうございました♥

人はみな無条件に愛される価値がある

人はみな、愛される価値があります。
Yes, あなたにも、もちろん愛される価値があります。
あなたは、愛されることを自分自身に許します。
あなたは、大事にされることを、心を開いて受け取ると決めました。

あなたが愛され喜びに包まれることはもちろん居心地よいことです。
あなたが一番に思われ、注意を向けられることは、自然で喜ばしいことです。

あなたは、これまでどこか自分が苦痛に耐えているときばかり、
注意を向けられると思い、苦痛な状態をみずから選んできたかもしれないことを、今ここで認めます。

Yes, あなたは変わりました。
あなたは、受け容れられ愛されることを自分自身に与えました。
あなたは、あなた自身を愛しています。
思いやりを素直に受け取らせていただくと決めました。
あたたかな関係があなたのもとへきていることに感謝します。

愛されることは、あなたにとって安心で安全で居心地よいことです。
愛しあうことは、あなたにとって安心で安全で素晴らしいことです。
あなたは愛し愛されることへ心を開いて歩み寄りました。

ありがとうございます。
ありがとうございます。
ありがとうございました♥

愛に感謝します

あなたは、これまでも、たくさんの人々に支えられてきました。
そのことについて、今、あらためて感謝しています。
ありがとうございます。
あなたは、これまでもじゅうぶんに受け容れられてきました。
そのことに、今、あらためて感謝しています。
ありがとうございました。

これまで受けてきたたくさんの思いやりや愛を、
今、あらためて抱き留めています。
とても嬉しいよい気分です。
あなたは、じゅうぶんに喜ばれ、たくさん愛されてきました。

母の愛に、存在にありがとうございます。感謝します。
父の愛に、存在にありがとうございます。感謝します。
兄弟姉妹の愛に、存在に感謝します。ありがとうございます。
ご縁のあったお友達の存在に、愛にありがとう。感謝します。
ご縁のあった先生がたの存在に、愛に、ありがとう。感謝します。

たくさんの理解者に恵まれています。
たくさんの味方がついています。感謝します。
あなたもみんなを愛しています。あなたはあなた自身を愛しています。

ありがとうございます。
ありがとうございます。
ありがとうございました♥

お金はありがたいよいものです

お金は、ありがたいよいものです。

今、あなたはお金に心から感謝と敬意を表しています。

生まれてこのかた、お金にお世話にならなかった日は、一日たりともなかったことを認め感謝します。

ありがとうございます。ありがとうございます。


あなたは、お金に対して、今、堂々と感謝しています。

あなたは、お金に対して、今、堂々と感謝しています。


そして、あなたはお金を堂々と望みます。

今、心から豊かな金銭を欲します。
お金は健康で健全で、もちろん安全な、ありがたいものです。
そして、あなたは、堂々と欲し、堂々と受け容れています。

あなたが金銭的に豊かになることはもちろんよいことです。
金銭的に安定し豊かにあることは、
もちろん誰にとっても素晴らしく健全なことです。

あなたはお金が大好きです。あなたはお金が大好きです。
あなたは大好きなものをたくさん得て生きていくと決めました。
あなたが裕福ですべてに余裕ある生活をすることはもちろんよいことです。
ありがとうございます。
ありがとうございます。
ありがとうございました♥

お金は喜び

お金はとても健全で、とてもよい、ありがたいものです。
お金は、喜び、自由、笑顔を与えてくれる、素晴らしいものです。

あなたが、お金を得ることに罪悪感をもつことはありません。
なぜなら、あなたがお金を得ることは当然のことだからです。
お金を使うことに対して、あなたにはうしろめたさも罪悪感もありません。
なぜなら、あなたが欲しいものを楽しむことは健全でよいことだからです。
同様に、あなたがお金を創りだすことにももちろん罪悪感はなく喜びです。
なぜなら、お金をつくることは生産的なことで、愛する人たち、
そして社会にとって価値の高いよい行いだからです。

あなたがお金を心から信頼しているように、
お金もあなたを信頼し、今、あなたのもとに訪れています。
豊かな金銭に心を開き、敬愛するので、お金はあなたのもとへ安住しました。

あなたは今、あなたのもとへ訪れたお金を、心を開いて抱きしめています。
あなたが豊かになればなるほど、あなたは寛大になり、愛の人となります。
そうなることを、宇宙も天も神様も喜んでくれていることを知っています。
そうなることを、あなたのことを知っているすべての人が応援し、
喜んでくれていることをあなたの魂は知っています。

ありがとうございます。
ありがとうございます。
ありがとうございました♥

競争の世界から無限の世界へ

愛も豊かさも無限の宇宙が供給源です。
宇宙の無限で無制限の愛や豊かさ、その他すべてのよきものは、
無限で無制限にあなたの求めに応じて供給します。
もちろん、減ることも枯れることもありません。

あなたは、無限の宇宙の資源のなかに生きているのです。
あなたは、あなた自身が求めれば何でも与えられる世界で生きています。

その世界は、競争の世界ではありません。
勝つ者があれば、負ける者がある、という競争の世界ではありません。
得る者があれば、失う者があるという、天秤の世界ではありません。

資源は宇宙から無限に供給される世界なので、
求める者、喜ぶ者、許しあい、与えあう者のすべての願望に応える世界です。

そこに生きるあなたのすべてを宇宙は祝福し、
万全の態勢で確実にサポートしています。

宇宙があなたを祝福するように、あなたもあなた自身を祝福し、
自分への愛情と根気とをもってサポートしています。
あなたがあなた自身を祝福しサポートするように、
あなたはすべての他者を、祝福しその幸せと発展を祈念しています。
宇宙が、神があなたをサポートするように、あなたは他者をサポートしています。

あなたはもちろんそれでよい

あなたがもっと愛されるために、
あなたが別の誰かにならなければいけない、ということなど、もちろんありません。
同様に、あなたがもっとお金を手にするために、
あなたが自分を偽り苦しいほうへ進まなければならないということも、
もちろんありません。

もちろん、あなたは相対的に目的のため、あるいは問題解決の課題のために、どこかを修正していくということはあるでしょう。

けれども、それはあなた自身がダメだと否定されていることではありません。

あなたはじゅうぶんこれでいい、という真実が土台にあるということを、

あなた自身、しっかり肯定しています。

すべての人の命、すべての人の存在の、ありのままは、肯定されています。
宇宙に、受け容れられ愛されています。
それは、大木の下の根のようにゆるぎないものです。
そこからどんな花を咲かせるか、どんな実をつけたいか、
それに応じて外側で陽が当たったり風が吹いたりするでしょうが、
あなたの枝葉は、柔軟に変化していくことができます。

あなた自身が肯定されていることが真実であると理解したあなたは、
あなた自身を信じることができます。

すべての学びやご縁にたいして、感謝と喜びとをもって接し、
あなたはあなたの大木にどんどん願望の実を実らせていきます。

口角上げて深呼吸

五章では、定義変換アファメーションをお届けしました。

アファメーションは、基本的には「私は」と自分を主語にするものですが、ここでは、「あなたは」と呼びかけるスタイルにしました。

その理由ははじめから「私は」とすることに抵抗を感じる段階にある方もいらっしゃることを考慮してのことです。ですから、抵抗なく慣れてきたら「あなたは」を「私は」に置き換えて、繰り返し唱えるようにしてください。

また、ご自分に必要と感じられた項や節、気に入った項や節があれば、そこをリピートするようにしてください。場合によっては違和感やドキドキ感があるかもしれませんが、それは感情的な反応で、アファメーションは脳内に呼びかけるものですので続けることをおすすめします。

六章

「したい」だから「する」で叶えます

「したい」だから「する」を習慣づけると願いは叶う

定義の変換をしたら心の留め金ははずれますから、より自由に欲望と行動とを直結させていきましょう。

誰にも迷惑がかかりはしないとわかっていても、なぜか、自分自身のいろいろな思考に邪魔されて、「やめておこう」という選択をしてしまうなど、身体のほうに染みついている習慣を、ここからは見直し正していきます。

まずは、日常の自由なところで、「したい」だから「する」を習慣づけましょう。自分が「する」ということと、引き寄せの力で「もたらされること」とは違うのでは？　と思うかもしれませんが、そうではないのです。

引き寄せの力をたくさん働かせることができる体質とは、自分自身の欲求に自在に動ける身体（人）である必要があるからなのです。

そのイメージは、トンネルのこちら側とあちら側がまったく鏡でできているようなイメージです。

願いを叶えてそれを経験したい自分というのが、トンネルのこちら側にいるとしたら、チャンスや出会いなど願いを引き起こして届けてくれる外の世界はトンネルの向こう側からこちらにやってくる、という双方通行のイメージです。

ですから、こちらが遠慮したりただ待っていたりするなら、トンネルの向こうの世界も、こちらへ近づくことを遠慮したり待ったりするだけ、ということ。

トンネルとは、タイムトンネルですよ。

あちらから「近づいてきて」とお願いお祈りするのと同じように、こちらからもどんどん近づいていくから、トンネルは途中でドッキングされる。つまり成就する、ということなのです！

「じゃ、しよう。結婚」

四章で、いわゆるアラサー、アラフォーと呼ばれる女性たちが未婚でいる理由についての考えを述べましたが、私が強調したいことは、その方々は、その人自身に問題があって、「結婚できなかった、のではない」ということです。

少々復習になりますが、

現在では女性が就職したり大学へ行ったりするのは珍しいことではありませんが、ひと昔前はそうではありませんでしたよね。

学歴もあって社会に出た女性たちは男女平等の社会のなかでばりばり働くようになりました。そうしているうちに、すぐに30歳くらいになってしまいます。責任ある立場に立つようになってさらに上を目指せば、もうそうしているうちにすぐ40歳くらいになってしまいます。そういう時代なのです。

それなのに、当の本人は、結婚について、
「いつかできるもの」
「そのうちいい人が現れたら」と思いながら、社会でがんばって生きてきて…、
まあ、それなりの楽しみや自由になるお金もあり年月を重ねてくるわけです。
でも、あれあれ？と思うようになるわけです。
「いつかできるはずの結婚はどこへいってしまったのか」と。
つまり、
「これから時代は、『結婚はいつかできるもの』ではなくなりますよ」
ということを、親も教師も会社も政治家も教えてくれなかったわけです。
今の時代は、
「結婚は、しようと思わないとできないもの」ということ。
だから、
「そうか、じゃ、しよう」と思うことにしましょう！

思いが現実を創りだす

この章では、私自身のことを書かせていただこうと思います。

私は21歳で単身アメリカに渡り14年間を過ごしました。

ロサンゼルスで日本食レストランでのバイト、音楽学校を経て、ピアノの弾き語りの仕事をしていたのですが、「自分とはいったい何のために生まれてきたのだろう」などということを考えはじめ、自分自身を掘り下げるためいろいろなことをしました。

宗教や哲学、心理学の本を読み漁《あさ》り、ヨガや瞑想会に参加したり心理セラピーを受けたりし、関係は良好だと思っていた母からの厳しすぎた躾けというトラウマが自分のほんとうの心を閉じ込めていたということがわかり、徹底して自分と向き合ったのです。

さらに魂に使命があるなら、自分の使命とはいったい何だろうなどと考えたりしました。

当時私に影響を与えた本は、シャーリー・マクレーンの「アウト・オン・ア・リム」と、ジョージ・アダムスキーの「宇宙哲学」でした。

そうして、魂や輪廻転生、宇宙の法則などを知っていくうちに、今で言う「引き寄せの法則」というものを確信する衝撃的な経験をしました。

それは、当時の日本で知らない人はいないというほどマスコミでも有名だったある霊能者に相談したとき「うまくいかないからやめなさい」と助言されたのですが、私は、その予言を覆《くつがえ》し、うまくいかせることができた、という経験でした。

思い次第で、人生のホームを乗り換える

もう少し詳しく書きますと、その霊能者（女性）は私の生家のご近所さんで、私の家族のことは私が子どものころから全部言い当てられいろいろな助言をしてもらっていた関係だったのです。

25歳のとき私はアメリカに住み続けるために永住権が欲しくて申請したのですが、うまくいっていませんでした。

弁護士さんに相談しましたがかなり厳しいケースなので料金をもらっても成功する確率が低いというのです。もともと弁護士料を払うほどの余裕はありませんでしたから、私は途方に暮れていたのです。

そんなとき、もし、うまくいくなら借金しても弁護士に頼みたいけれど、もしうまくいかないなら先に知りたい、と考え、ロサンゼルスからその霊能者に電話で

聞いてみようと思いついたのです。

国際電話がつながり、私が「電話で相談してもいい？」とだけ切り出したところで、彼女はぺらぺらと私の現状と問題とをすべて言い当てたのです。それは驚きました！　そして、彼女はこう言いました。

「うまくいかないから、あきらめて日本へ帰っていらっしゃい」と。

私はがっくり肩を落としお礼をいい受話器を置きました。

ところがそのとき不思議なことが起こりました！

左手に握っていた受話器を置いたその瞬間、電流のようなものが腕を逆流し、それが頭に届いた瞬間、私は、

「とってみせる！」と思ったのです。

数週間後、弁護士も首をかしげるほど奇跡的に永住権が取れたのです！

弁護士さんは２度の面接に付き合っただけだからといって頭金のほとんどを返金してくれました。

予言を覆すのは自分自身

普通ならば、そこで、霊能者の言ったことは「当たらなかった」で終わるところだと思います。が、私は、その人の力のすごさを知っていたのでどうしてもそう思うことができませんでした。私の知人友人にも紹介し、家族以外知りえないことなどをズバズバ言い当てるのを目の当たりにしてきましたから。

そこで私は考えました。

「そうだ、私が彼女に相談したとき、私は絶望感でいっぱいで、ダメならダメと知りたいという気持ちだった。けれども、私は電話を切った直後に、(電車の)ホームを乗り換えたんだ」と。

「だから、そのとき乗っているホームを見て彼女は『そのままいくと』という透視で『うまくいかない』との予言をしたけれど、私が弱気のホームから強気のホームに乗り換えたから未来への行き先も変わったんだ！」と悟ったのです。

しかし、次に私が思ったことは、こうでした。

「だったらなぜ彼女はそのことをいってくれなかったのだろう」

というのも、彼女のところには芸能人やスポーツ選手など有名な人たちが毎日のように相談にきていたことを知っていたから。その人たちのなかに彼女から「無理だからやめておきなさい」といわれてやめてしまった人が何人いただろう。

「だったらなぜ彼女は『あなた今弱気のホームに乗っているでしょう。ぜったいやりたいなら、ぜったいやって見せる！って思ってごらんなさい。そうすればあなたのレールはそちらへいくはずだから』と教えてあげなかったんだろう…」と考えたんですね。

けれども、そのときさらに私は悟ったのです。

「いや、彼女は彼女の仕事をしたまでだ」

「ならば、私がそれを伝える人になればいい」と。

したいと思うことはできる

そう思ったのが25歳のときでした。

そのときには、もちろん、自分がこうして本を書く人間になるなどとは夢にも思いませんでしたし、それを伝える仕事をするなどもちろんできませんでした。私がはじめての本を著したのは40歳のときでしたから。

その後、30歳のとき神秘体験を経験し、私が「宇宙からのメッセージ」と呼んでいる宇宙意識との交信がはじまり、スピリチュアルなメッセージを受け取るようになります。

それを広めていこうとしましたが、当時の日本はまさにその霊能者へのバッシングで霊能ブームは幕を閉じ、心理学ブームになっているところでした。

スピリチュアルとか精神世界というものも現在のように市民権を得ていませんでしたから「怪しいもの」ととらえられがちでした。

そこで、私は心理学的な説明ができるようになるため「だったら大学で勉強しよう」と思ったのです。36歳のことです。

それから4年間通信制の大学で教育学と心理学とを学びました。


大学のあいだに、Cazという雑誌で「トラウマ・セラピー」が取り上げられちょっとした話題になりました（当時は、「トラウマ」という言葉も「セラピー」という言葉も日本では知られていませんでした）。

大学卒業したのが40歳になりたての3月。

そして私が、「あれ？　私、ケッコン…しないのかな」と思ったのは4月のことでした。

宇宙は思いに応えます

私は、それまで恋愛もしましたが、おそらく今世での使命のようなものをおぼろげに自覚していたからだと思いますが、どうしても「この人とこのまま結婚したら…」と想像をすると結婚に踏み出すことができずに、別れを繰り返し年齢も重ねてしまっていたようでした。

40歳になって「あれ？ 結婚しないの、するの？ 私」と思ったとき、そう思うということは、私は結婚したいんだ、と自覚したんですね。

でも、この仕事がありますから、周りからは、すでに、「あなたに必要なのは〝奥さん〟ね」などと言われていました。

それで、私は祈りました。

「私はそろそろ結婚したいと思っています。私が結婚することになっている人がいるなら私には準備ができています。出逢わせてください」と。

6月にばったり知り合った今の夫と一ヵ月後の7月に入籍しました。15歳の年の差婚。今では共同経営者として私を援護してくれる欠かせない存在です。

今振り返ると、出逢ったとき、もし私が「でも」という思いから、電話番号の交換などをしなかったとしたら、結婚もなかったと思うのです。

つまり、宇宙は、私たちの思いに絶えず応えて、出会いさえパーフェクトにアレンジしてくれる。それらに遭遇したときに、私たち自身の「でも」に邪魔されないで行動できる引き寄せ体質を養っておくことは大切なこと。

そうでないと、祈りや願いが通じて目の前にチャンスがやってきても「乗らない」ことを選択してしまうことになります。だから、「したい」だから「する」の練習で引き寄せ体質を養っておきましょう。

すべて自分が決めたようになります

私自身の使命というお話もからめてしまいましたが、
要するに、私たちが「したい」「しよう」と思うことは「成る」ようにできている、ということなのです。

ただ、多くの場合私たちは、
したい「だから」しよう、と思うより、
したい「でも」できるのか、していいのか、と考えてしまいます。
それなので、宇宙に「したいから、お願いね！」と頼むことをしません。

「したい、けど、無理ですよね～？」とか
「したい、でも、それってわがままですよね～？」と結論づけてしまいます。

けれども、思い出してください。

宇宙からの応えはいつも、
「Yes,OK!」
だから、「でも」「けど」という自我の勝手な見積りをはさみこまずに、欲する、望む、お願いするということができるようになる。これが、なんでも叶えることのできる引き寄せ体質を鍛える秘訣だということなのです。

今まだ、ほんとうにしたいことがわからないという人は、
「それがわかるように導いてください」と注文してください。
うまくやっている人のことを悪く思ったりせず、だったら、
「私も○○になりたい。なろう。なります。よろしくね」と
お願いし、そちらへ向けて漕ぎ出してください。
お稽古あるのみです。

口角上げて深呼吸

さあ、ここでも、口角上げて、深呼吸しましょう♥

「すべてはうまくいっています」

あなたの目指す「行き先」を、閉じた眼のなか前方に描いてみましょう。

なりたい自分に「成ったあとの自分」になって、深呼吸。


そのときどんな「気持ち」でいっぱいの人になっていますか？

その気持ちをこれからずっと「当たり前」の感覚にして持続させてください。

そのときのあなたは、どんな「表情」でしょうか？

その表情を、これから「普通」の表情にするようにしてください✤

七章

「願い」と「言動」の統合で実現します

願いを実現させる方法

願望を実現するということは、私たちの皮膚の外で実際に経験することです。

これまでの章でもお伝えしてきましたが、〈願望や思い〉に対して、〈でも〉という矛盾思想が実際の経験を踏みとどまらせることのないように、トンネルの向こうとこちらとをつないでいくことが大切になります。

私たち人間は、とくに怠け者というわけではなくても慣れているほう、簡単そうなほうを選んでしまいがちですが、その限り結果も変わりがありません。
そんなパターンに辟易としている人、もうこのあたりでほんとうにずっと思ってきたことを実現させたいと思う方は、本気になりましょう！

本気になれば、潜在能力も宇宙の力も本領を発揮します。


恐れも、遠慮も、恥ずかしさも、罪悪感も、ほんとうに不要！

人はみな、自分の望む人生をつくりあげていく権利と自由と力があります。

誰のお許しも、もう必要ありません。

すでに神様から許可はおり、ゴーサインも出ています。

私たちが自分にゴーサインを出し、目的的に時間をつかっていけば、願望成就までの時間はいかようにも短縮することが可能です。

時間は単なるモノサシ上のものではなく相対的に伸び縮みするものだからです。


この章では、私がプライベート・コースなどで関わった生徒たちの事例を紹介していきます（プライバシー保護のため内容に差支えない程度に改変しています）。

自分に注意が向けられていないと不安だったユミさんのケース

ユミさん（29歳販売員）は、彼がデート中に少しでも別の女性をほめるようなことを言うと、そこでもう気持ちが沈んでしまうといいます。

そこまでならまだしも、

「どうせ私は○○さんにはかなわないし」

などと口にしてしまうので、彼は彼で、

「べつにそういう意味で言ったわけではないだろ」とイライラしてきます。

彼女もそこで気を取り直せばいいものを、

「だったら○○ちゃんとつきあえばいいじゃないの」

などといい、いつものパターンで別れ話だというのです。

ユミさんには3歳下の妹がいました。子どものころからユミさんは「お姉ちゃんなんだから」と言われて育ち、両親に甘えるのはいつも妹。愛嬌がよく活発でどこか要領のよい妹に、心のどこかで寂しさや不安、劣等感を抱いていたことがカウンセリングを通してわかりました。

そんなユミさんの心の定義は、

「自分など愛されない」「認められていない」というものでした。

それなので、彼の注意が少しでも別の女性に向けられると、頭のユミさんは大した意味ではないとわかっていても、感情のユミさんが子ども時代の寂しさや不安の感覚に耐えられず、否定的なことを言ってしまう、ということがおきていたのです。

ユミさんは、彼にケンカを売りたかったわけではなく、ユミさん自身の「耐え難い感情」を受容できないがため、その感情を打ち消したい思いで彼の言動をコントロールしようとしていたことを理解しました。

トラウマ・セラピーとアファメーションで心の定義を修正したユミさん

ユミさんに対して私は、子ども時代のトラウマ・エピソードのセラピーを行い、子ども時代のユミちゃんに愛情を確認してもらいました。そうしたセラピーと並行して、まずは愛情に関する定義を書き換えるアファメーションと、自己イメージや、自己評価を高めるアファメーションを日常で行うよう処方しました。

【アファメーション】
私は、ありのままの私を受け容れ、評価しています。
私は、ありのままの私に愛される価値があることを知っています。
私が、ありのままの自分で愛されることは当然で安全なことです。

いつものパターンで気持ちが乱れるときには「不安」であることを認め、深呼吸しながら「だいじょうぶ」と自分に言葉がけし、「どうせ私なんて」といった言葉を発するのを数十秒「保留」するよう課題を与えました。

課題を遂行した結果、ユミさんは、彼といるとき彼が別の女性を話題にしても、感情にまかせた態度をとることがなくなり楽しいデートが増えました。

職場で注意されたりしても、動揺することがなくなり仕事も順調になりました。

ユミさんの恋愛は高校時代から〝こんな調子〟だったそうですが、一年半ほどの周期で別れを繰り返していたそうです。良好な関係に改善された彼とは、互いの両親に紹介しあうところまで進展し、その後、結婚し出産なさり私もお祝いさせていただきました。

後に、ユミさんは、「あのまま行っていたら、私は同じパターンから抜け出せず、今まで以上に『嫌なオンナ』になるばかりで結婚などできなかったと思う」と語ってくれました。

切り抜きをラミネートしスピード婚を果たしたトモコさんのケース

トモコさんは、一流大学の大学院を出て企業でバリバリに働いていました。新卒のときには女子で院卒ということで、周囲からの風当たりも強いなか、ナメられまいと一生懸命働いてきた頑張り屋さんです。

しかし、そんな彼女もふと気づくと30代半ば。結婚も出産もしたいけど、このままで出会いがあるのかと焦り始めていたトモコさんは、正式な結婚相談所の会員になりました。

ところが、30人近い人と会いデートまではいくものの先が続かずにいました。

私は、トモコさんに、必ず最善のご縁に恵まれるから、焦らないで、と告げ、最高のイメージとアファメーションを続け喜びと感謝の波動でいるよう励ましました。

私との個人コースでは、願望のヴィジョンをより明確に視覚化するために、雑誌などの切り抜きを貼り付け大判ラミネートを作り、朝晩ヴィジュアライゼーションとアファメーションを徹底しました。

ヴィジョン・ラミネートでは、婚約指輪やウェディング姿、あたたかなマイホーム、子どもたちとの団らんの様子などの切り抜きを楽しく貼り付けました（「ヴィジョン・ラミネート」とは私が開発した願望成就の手法です）。

アファメーションでは、トモコさんの希望をうかがい、

「私が愛する人と家庭を築き、趣味的な生活を満喫することは自然なことです」

「私は、来年の誕生日までに結婚し、二人の子どもを設けることを、私自身に許し受け容れます。ありがとうございます」

などを、私はトモコさんに処方しました。

すると、その直後に出会った人と意気投合し一ヵ月後にプロポーズされました。誕生日が迫っていたので挙式は七ヵ月後となりましたが、二ヵ月後のお誕生日に入籍と引越しを果たしたのです！

たった一言でチャンスをつかんだサチコさんの昇進ドラマ

サチコさん（外資系企業の30代ＯＬ）は、同僚や後輩たちに「いつも先を越されて」と落ち込んでいました。実力もあり他者への思いやりも欠かすことのない彼女がそのようなことで悩んでいるなど会社の誰もが想像していないようでした。

話を聞いているうちに「根回し」という言葉をよく使われると感じたので、そのあたりをさらに聴取してみました。

すると、そこでわかったことは、上司との飲み会や会議の前後などに、自分のことを売り込んだり、希望を伝えたりすることを「根回し」と定義し、嫌悪していたことでした。

〈自分をＰＲすること〉イコール〈根回し〉でしょうか。
〈希望を伝えること〉イコール〈根回し〉でしょうか。

そんなことはありませんよね。

ところが、彼女のお父さんが銀行の支店長だったため、子ども時代から「根回し」についていろいろと聞かされていたことが、幼心に影響し彼女のネガティヴ定義の背景にあったこともわかりました。

この本ではトラウマ・セラピーの詳細は省きますが、私はサチコさんの幼心に刻まれてしまったネガティヴな定義を書き換える心理セラピーを行い、

「私が、自分をPRしたり、希望を伝えることは、願望成就に必要なよいことです」

というアファメーションを処方しました。

さらに、サチコさんが抑圧していた願望について明確にしていく作業に、一緒に取り組んでみると、彼女には、シンガポールへ転勤したいという希望があったにもかかわらず、誰にも打ち明けたことがなかったこともわかりました。

申し出る勇気が自分への愛とわかったサチコさん

サチコさんには、希望が叶っている姿をイメージし、機会があれば自分の希望を言葉にするように、と言動の課題を言い渡しました。

ところがところが、

「それが言えないんです～！」とサチコさんは数週間もがきました。

長年、それを抑止してきたので、頭で命令しても言葉が出てこないということもありますから、ここは「せーの！」で発言しちゃうと奏功するものです。

これだけは、私が代わりにしてあげることができませんから、私は激励しながら報告を待ったのでした。

けれども、サチコさんの場合は、三章の引き寄せ体質での訓練も相当必要だということもわかってきました。

転勤の希望という大きな願望だけでなく、ごく小さなこと、たとえば、「ランチ一緒に行かない？」とか、「あの本、そろそろ返して」など言いづらいことは避けているというので、そのあたりも積極的に取り組んでもらい経験を積み重ねていきました。

小さなことのようですが、「欲望を叶える」心と行動は、一事が万事、大きなことにも波及します。

そうしているうちに、サチコさんから嬉しい報告がありました。

「人事の先輩と飲み会で一緒になったとき、なぜかスッと言えたんです！」

そうなのです。思いと行動の連動がよくなってくると、スッとできる瞬間が訪れるものなのです。

その後、サチコさんはシンガポールに転勤することができました。

そこからのサチコさんは欲求をバンバン言葉にするよう徹底した結果、社長から直接、新プロジェクトの立ち上げを打診され、異例の昇進を果たしました。

レストラン・オーナー　一ヵ月快進撃

レストランのオーナーが一ヵ月で激変したケースです。

相談を受けたとき、その人は、

「景気が悪い」

「働いても働いても、売り上げが伸びない」

ということばかり繰り返していました。

しばらく訴えを聞いた後、私が、

「お金をもっと稼ぎたい？」と尋ねると、へらっと笑って頭をポリポリしながら、

「そりゃ、まあ…」と返事をしました。

宇宙からのメッセージによると、引き寄せの法則は、照れ笑いしながらの「なんちゃって的な」望み方には、どうも応じないらしいんですね。応じないというよ

りは、その程度では届かずそうした態度は波動レベルを下げてしまうんですね。
ですから、私はオーナーにそのことをお伝えし、景気が悪いことを考えるかわりに、いくら売り上げたいのか宣言し、満席で店内が繁盛している様子を感謝とともに心に描く方法を伝授しました。

あいさつの仕方も、はっきりしない印象があり気になったので、そのあたりもアドバイスさせていただき、一緒に練習し、お客様を歓迎しているという態度を身につけました。

接客中も、笑顔を徹底すること、食事の途中で一声かけに行くこと、常連さんとも景気の悪い話をしないこと、その他、店内のインテリアや雑貨に関しては訪問させていただき枯渇感のない潤沢感のあるイメージのものへ改善しました。

その結果、一ヵ月で売り上げが前年比１３０％になり、オーナーは不思議だと首をかしげて喜んでいましたが、以降、売り上げは伸び、定着しています。

トンネルをつなぐ秘訣は自己一致

ここまで、いくつかのケースを紹介していますが、大切なことは、「自己一致」していることなのです。

それについて少しお話しさせていただきますと、前にも書きましたが、「願望」に対して「思い」に矛盾があると、ボートを同時に前にも後ろにも漕いでいる形になってしまいます。また同様に、「願望や思い」はあるものの「言動や態度」が不一致ですと、結果も伴いません。わかりやすいケースを紹介しましょう。

ケイコさんはスピリチュアルな啓発書を読み漁り、セミナーもずいぶん受けたけれど恋愛も人間関係も仕事も以前のまま、うまくいかない。先日もある作家のサイン会で他の人とは明らかに違う嫌な態度をとられた、と相談に来られました。話しはじめて5分間で、私はその原因と処方がすぐにわかりました。

それは、彼女の思いと行動の不一致。それはこんな様子でした。

会話中、ケイコさんは私の話や説明に対して、うなずくことも、声に出して相槌をうつこともありません。それどころか、「そこ、うなずくところ」というタイミングで、眼を伏せて顔を横にそらし、はぁ、ふぅ、とため息をつきながら、自分の髪の毛をいじるのです。

サイン会で順番を待っている彼女の様子が想像できましたので、あなたの前後の人たちはきっとその人と握手やサインをもらうことに眼を輝かせていたのではないか、それに対してあなたは外側から見たらいかにも「つまらなそうに」見えたのかもしれない、と伝えました。すると、「彼からも、いつもつまらなそうといわれる」と言うではありませんか。

スピリチュアルなことを学んだりアファメーションに精通しても、ここ！ 楽しくハッピーなトンネルをつなげないと！というお話をして、態度の改善、表情や言動の改善に一緒に取り組んでいきました。

喜びの表現をして得はしても損はしません！

ケイコさんのような部分で損をしている人は少なくありません。

多くの人は、相手から感じよくしてもらえたらこちらも恥じらいなく表現できると考えがちですが、どこへ行っても誰と過ごしてもハッピーでいられる体質の持ち主は喜びを表現するのが上手です。


それは逆の立場を想像すればシンプルですよね。

相手もいわゆる素人ですから、自分が受け容れられているか、自分が与えたものを喜んでもらえているのか不安なこともあります。

そこでリアクションがよければ安心もしますし、嬉しくもなりますから、さらによい態度で接してくれるようになります。

何ごともうまくいく好循環のなかで生きている人というのは、そのあたりが当たり前のレベルになっているのです。

「与えれば与えるほど得られる」という好循環の図式ですね。

ケイコさんがそうした態度でしかいられなかった背景には厳しすぎた両親、厳格な祖父母と過ごした幼少期からの影響もあり気の毒な部分もありましたが、セラピーと並行してなにより、表情、言動の修正を試みました。

ぼそぼそと話す話し方を、口角上げて、語尾上げて、快活に話すように改善し、

「楽しかった。また来ようね！」

「ああ美味しい〜、幸せ〜」

「○○さんのおかげで、すごく勉強になりました！」などなど、にこにこと表現する特訓をしました。

その結果、「長年だらだらと付き合っていた彼氏」から、プロポーズされたと嬉しそうに報告してくれたケイコさんでした。

引き寄せに必要なのは「方法」より「方向」

シホさん（35歳元事務員）は、ネイリストに憧れ働きながらネイルの技術を習得しましたが、ネイルサロンへ再就職することはできても、お給料がかなり下がるということで相談へやってきました。

シホさんの考えは、「再就職はできそうだがお給料が低い」「独立するには退職金では足りないし経験がないから自信がない」「でもこのままではイヤ。憧れの仕事に就きたい」「でも今会社を辞めて後悔したくない」と堂々巡りでした。

私は、シホさんの考えのなかにポジティヴな見積もりがないことを指摘し、「どうなりたくない」ではなく、ならば、「どうなりたいのか」ということを一緒に検討していきました。

最悪のことを考えるのではなく、このうえない最高のことを想像し、それを自分という乗り物の「行き先」とする脳トレです。

シホさんは、エレガントな姿でセレブな人たちのネイルを楽しんでいる様子、そして収入もふんだんに得ている自分の姿を、喜びと感謝の気持ちでイメージすることを学び徹底し、引き寄せの力にお願いしました。

はじめシホさんは、「でも、どうしたらいいかわからない」と不安そうに繰り返していましたが、私は「方法は知らされます。方向を定めることが大切」とその都度、励ましました。

数ヵ月後、知人のネイルサロンで週末だけバイトしてくれないかと頼まれたけれど、「土日がなくなるから」断るつもりだというシホさんに、「突破口になるはず。身体が辛ければやめさせてもらえばよいのだから引き受けてみたら？」と背中を押し、シホさんははじめてみることにしました。

「ピンポイント」でやってくる引き寄せのケース

シホさんは、週末をつぶしてのネイルのバイトを楽しんでいました。常連さんもでき、お金も貯まってきたのはよかったのですが、やはり時間がなく身体がしんどいことも少し気になり先のことをおもいあぐねていました。

「今はゆだねて」という私からのアドバイスで、半年ほど過ぎたある日、シホさんのお母様が倒れてしまいしばらく介護しなければならないということになってしまった。会社も辞めることになりそうだというのです。

こうしたタイミングで災難があり変化を余儀なくされることは、願望成就のプロセスではよく見られることなので、シホさんには、そこで絶望的にならず、お母様をお大事になさりながらヴィジュアライゼーションとアファメーションを続けるよう指導しました。

シホさんは、そんな身の上話を常連さんに打ち明けたのでしょう。シホさんのことを大変気に入ってくれていた50代のお医者様の奥様が、自宅へ出張訪問してネイルをしてくれないかと申し出てきたというのです。

車も道具も持っていましたし、お母さんの介護のスケジュールを優先しながらバイト代にでもなればという気持ちから、これはチャンスだと直感したシホさんはそれに応じ、退職と同時に出張サービスを開始しました。

するとどうでしょう、奥様はご自宅にお友だちも招きたいということで、シホさんは定期的にそのお宅で一日数件のお仕事を担当するようになったのです。

ネイルサロンの時給よりはるかによい収入になりましたし、店舗開業の出資も固定費も必要なく、当初の堂々巡りの心配はみごとに解消されました。

お客様のニーズに応えるため私から、共感的にお話を聞くカウンセリング・スキルも学んだシホさんは、愛される訪問ネイリストになりました。さらにシホさんは、まずは「得たい月収30万円」と設定し思い描き宇宙にお願いしたところ、口コミで別の奥様からも招かれるようになり目標はすぐに達成されました。

願いはぜったい叶うもの！

シホさんのケースは、ユミさんやケイコさんの例のように、自己一致させるためこちらからトンネルを掘っていったというケースに対して、引き寄せの力の働きにゆだねたケースといえます。

恋愛を一度もしたことのなかった40代女性も、ヴィジュアライゼーションとアファメーションを徹底し、ポンと出会って結婚したというケースもあります。

私たちに願望があり、それが確かな信念になっていれば、そして、なによりそうなることを自分に許可し、楽しみにしていれば、必ず方法は自然とやってきたり不思議なかたちで知らされたりします。

心配ばかりして、がむしゃらに動きすぎても「なりつつあること」「やってきつつあること」を壊してしまうこともありますから、「すでにそうなっている自分」であるよう心がけることです。

願望成就のかたちは、千差万別ですし、それぞれの立ち位置や環境、性格なども千差万別なので、この本の読者のみなさまに対して、「必ずこのやり方で」と詳細をお伝えすることができませんが、この章で紹介させていただいたケースを参考に、みなさまにはぜひとも願いを叶えていただきたいと思います。

なにしろ、私たちの「思い」「願い」は絶えず発信、放射されている波動なのです。そのバイブレーションが、いわゆる「他力」を働かせます。

「他力」とはトンネルのイメージでは、向こう側がこちらに近づいてくるという働きです。そして、タイムトンネルに向かっている私たち自身もそのレーンからそれてしまわないように、気持ちも言動も一致させておけば、願いはぜったい叶うようにできています！

欲望する限りあなたにはその準備ができている証拠！　遠慮なく成就しましょう！

口角上げて深呼吸

口角を上げて、喜びの深呼吸をしましょう♥
願った世界がもうすでにあなたのまわりにあることを喜びましょう。
あなたは今すでに、タイムトンネルの「向こう側」に存在しています。
トンネルの出口は、今、あなたの背後にあります。
あなたは願った世界へ飛び出しました。
あなたはすでに叶った世界に存在しています。
もうすっかり、「そうなっている自分」で深呼吸しています。
ありがたい。ありがとうございます。ありがとうございました。
いつも喜んでいましょう。
いつも愛と可能性の光を呼吸し、感謝していましょう

八章

あなたは奇跡の通り道

この章で、最後になります。
みなさま、ここまでお読みいただいた引き寄せの法則、願望成就するためのメッセージやレッスンの数々、いかがでしたでしょうか?

こうしたハウツー本の場合、さまざまな方法や事例などを読んでいくうちに、ご自分のことに照らし合わせたりなどして、つい力が入ってしまうということもあったかもしれませんね。

でも、各章の最後で深呼吸を入れ込んでいったように、いつもリラックスしていればいるほど、「力」は通りやすくなります。
宇宙の力という観点では、外や天から注がれて通るというイメージで、
自分自身の潜在能力という観点では、内から通り発揮されるイメージになりますね。
いずれにしても、私たちの肉体・個性というのは、通り道です。

その通り道が、ガチガチに硬かったり、通り道の内側にストレスや心配やマイナスの感情がいっぱい詰まっていては、力が通りようがありませんから、いつも深呼吸でリラックス、喜んでいるというのは基本なのです。

ということで、この章では、読むだけで、リラックスできるよう、読むだけで、願いが叶うよう、ご一緒に深呼吸していきましょう！

効果的にするため、読み進もうとせず、むしろ読む速度をぐーんと落として、くつろいで読んでください。「よく噛む」イメージ、「スローモーション」のイメージで、ゆっくり流れる私の声を聴いているつもりで身心に染み渡らせてみてくださいね。

（巻末より、以下八章の全文を録音した「リピートリスニング音声」を無料ダウンロードしていただくことができます）

すべてはうまくいっています

ゆっくーり、ゆっくーり、吸っています。
ゆっくーり、ゆっくーり、吐いています。

とてもゆっくり、おだやかな深呼吸していきましょう。
口角上げて、スローモーションで深呼吸です。

Yes, すべてはうまくいっています。
すべてはうまくいっています。
にっこり、ゆるやか、
今、すべてはうまくいっているところです。

あなたのすべてはそれでいい

すべてはうまくいっています。

あなたのすべてはそれでよい。

あなたは、ありのまま、そのままのあなたで、安心しています。


安心して、あなた自身を抱きしめています。

「それでいいよ。それでいいよ」

いつもいつも、あなたはあなたの味方です。

宇宙も、世界も、いつもいつもあなたの味方です。

だからいつも喜んでいましょう

肩の力をゆるめて、深呼吸。
口角を上げて、深呼吸。
にっこり、ゆったり、今ここに存在していることを喜んでいます。
なぜなら、あなたの人生、どこをどう切り取っても喜びになるからです。
あなたが喜んでいればいるほど、
あなたのなかから喜びの光が輝きを増します。
喜びの光が、喜びの波動となって、
喜ばしい現実をどんどん届けてくれています。
だからだから、あなたはいつも喜んでいます。

そう、喜んでいない理由が、あなたにはありません。

ありがとう。ありがたい。
ありがとうございます。
ありがとうございました♥

正しい姿勢　正しい呼吸

美しい波動のあなたが、深呼吸しています。
背筋を伸ばして、ゆっくりと居心地よい深呼吸しています。
愛と可能性の光が、今おだやかに吸い込まれています。
愛に満ちた美しい呼吸が、光となってあなたのまわりに発せられています。
背筋を伸ばしています。
顎《あご》を引いています。
今、あなたは、とても美しい清らかな身体、姿勢になっています。
あなたという美しく清らかな通り道が整いました。

宇宙の、無限の力が、あなたの頭上から呼吸と一緒に注がれています。

宇宙の、無条件で、無制限の、愛と可能性の光が、
あなたの身体に通されています。

この光が、いつもあなたを包んでいます。

そのエネルギーが、いつもあなたを守り続けています。

この力が、いつどんなときも、あなたを導き強めてくれます。

ありがとうございます。ありがとうございます。

愛のまなざし

口角を上げて、深呼吸しながら、前方をまっすぐ見ています。
額の中央に光のリングがあって、そのリングを通して前方を見ています。
光のリングを通して観る世界は、愛に満ちています。
光のリングを通して観る世界は、やさしさと理解、可能性に満ち満ちています。
今、あなたのまなざしも、愛の光線と化しています。
あなたのまなざしは今、

愛と可能性の光線になって対象のすべてを照らしています。
あなたの愛の光のまなざしをあびるものは、すべてやさしくなっています。
すべて清らかに癒され、平安に包まれています。

愛の光、
それが、あなたです。
あなたは、愛です。
あなたは可能性です。
あなたは、光です。

崇高なる光

口角上げて、ゆっくりと、
光の呼吸をしています。

今あなたは、
あなたの内なる崇高なる光と一体になっています。

「私のなかの崇高なる光に感謝します」

体
心
魂

きれいに重なり統合がなされています。

揺るがぬ
ととのった命の光が、
中心で息しています。

崇高なる光が息しています。

前頭葉に願いを描く

崇高なる光であるあなたが、今ここに存在しています。
最高に心地よい深呼吸とともに、おだやかな愛に満ちた表情になっています。
あなたは今、完璧な光の通り道になっています。

額の中央に意識を向けて、
願いが叶ったご自分をヴィジョンしています。
無償の愛が、そうなることを叶えました。

うっとり、やさしい、嬉しい世界。
うっとり、やさしい、嬉しいあなたになっています。
すっかり、願いを叶えたあなた自身に、今「なっています」
すっかり、願いを叶えさせていただいたあなたに、「なりました」

愛に満ちています。
喜びに満ちています。
感謝に満ちています。
今のあなたこそ、本来のあなたです。

最高最善のあなたこそ自然な本来

願望がすっかり叶ったあなたこそ、
自然で、本来の姿だったのです。

ありがとうございました。

あなたは今、あなたのネイチャー、あるべき姿になりました。

あなたの体験は、喜びに満ちています。

あなたが発するものは、愛と可能性に満ちています。

あなたが与えるものは、健全で生産的な素晴らしいものばかりです。
あなたはあなたの愛する人たちに囲まれて、最高に幸せです。
あなたはあなたに与えられた豊かさに恵まれて、最高に幸せです。

今、永遠の愛が、胸のなかに広がっています。
今、永遠の豊かさが、心のなかに広がっています。

あなたの生きる現実が、愛と可能性、豊かなものに溢れていることを、
心から祝福し、心から感謝し、心から喜んでいます。

ありがとうございます。ありがとうございます。ありがとうございました✧

おわりに

本書を最後までお読みくださり、どうもありがとうございました。

読み終えた今のあなたは、読み始める前のあなたとは違っています。

もうすでに「変化」しているのです。

新たな何かが加えられ、不要な何かが消滅する。

この変化が満ちるとき必ず自己成長とともに、自己実現を果たします。

ですから、本書でお伝えしたことがらを、日常でお稽古のように習慣づけて
ご自分自身をゴールへと導いてください。

日常生活では、ときに人から行動を阻止されたり、人からの言葉に動揺し自信を失いそうになったり、また自分自身の不安に圧倒されてしまったりすることもあるかもしれませんが、そうさせないために、本書を繰り返し読んでください。

読んでいるうちに、ふと何かがひらめくことがあったらそのひらめきに従ってみてください。ちょっとした誘いがあったらそれに心を開いてアクションしてください。

そこに大切な情報や方法、ご縁というものがあるはずです。

このようにして、トンネルのこちら側とあちら側をしっかりつなげて、思いを実現していきましょう！

あなたの願望成就が果たされますように。心から祈り、応援しています！

最後になりましたが、この本を実現してくださった祥伝社黄金文庫編集長の吉田浩行氏をはじめ、制作、流通にかかわってくださったすべてのみなさまに感謝いたします。どうもありがとうございました。

山崎いづみ（リズ山崎）

祥伝社黄金文庫

読《よ》むだけで願《ねが》いが叶《かな》う引《ひ》き寄《よ》せ体質《たいしつ》のつくりかた

平成27年3月20日　初版第1刷発行

著　者　リズ山崎《やまざき》

発行者　竹内和芳

発行所　祥伝社《しょうでんしゃ》

〒101－8701

東京都千代田区神田神保町3－3

電話　03（3265）2084（編集部）

電話　03（3265）2081（販売部）

電話　03（3265）3622（業務部）

http://www.shodensha.co.jp/

印刷所　萩原印刷

製本所　ナショナル製本

　ISBN978-4-396-31659-4 C0195